科学实验区实验学校
推荐用书

万物有科学

第三册

《万物有科学》编写组⊙编

杨小仁　熊家昌　吴　穹⊙主编

分册主编：时荣萍　王碧霞　肖春玉
编　　委：姜　雪　胡晓桐　张金沙
　　　　　徐如意　蔡　虹　吴国红
　　　　　魏莹莹　蔡益珠　欧阳小兰

江西人民出版社
Jiangxi People's Publishing House
全国百佳出版社

图书在版编目（CIP）数据

万物有科学 . 第三册 /《万物有科学》编写组编；
杨小仁 , 熊家昌 , 吴穹主编 . -- 南昌 : 江西人民出版社 ,
2024. 11. -- ISBN 978-7-210-15810-3

Ⅰ . G634.73

中国国家版本馆 CIP 数据核字第 202419J1K9 号

万物有科学　第三册

WANWU YOU KEXUE　　DI-SAN CE

《万物有科学》编写组　编　　　杨小仁　熊家昌　吴穹　主编

出　版　人：梁　菁
策　　　划：黄心刚
责 任 编 辑：郭　锐
装 帧 设 计：白　冰　王梦琦

江西人民出版社　出版发行
Jiangxi People's Publishing House
全国百佳出版社

地　　　址：江西省南昌市三经路 47 号附 1 号（邮编：330006）
网　　　址：www.jxpph.com
电 子 信 箱：jxrmbook@126.com
编辑部电话：0791-86893801
发行部电话：0791-86898815
承　印　厂：江西千叶彩印有限公司
经　　　销：各地新华书店

开　　　本：787 毫米 ×1092 毫米　1/16
印　　　张：9
字　　　数：126 千字
版　　　次：2024 年 11 月第 1 版
印　　　次：2024 年 11 月第 1 次印刷
书　　　号：ISBN 978-7-210-15810-3
定　　　价：38.00 元
赣版权登字 –01-2024-823

版权所有　侵权必究

赣人版图书凡属印刷、装订错误，请随时与江西人民出版社联系调换。
服务电话：0791-86898815

亲爱的读者朋友们：

在这个多姿多彩的世界，科学知识无处不在。无论是在我们熟悉的语文、数学课堂上，还是在充满活力和创意的音乐、体育与美术活动中，科学都扮演着重要的角色。

"万物有科学"丛书旨在打破传统学科之间的界限，为青少年呈现一个既全面又有趣的科学世界。丛书编写前，编写组征集了大家在日常学习中发现的最感兴趣、最想了解的科学问题，围绕课本或者生活中常见的科学现象，选择了192个科学知识点，每册图书集中展示32个。每个知识点创设奇妙有趣的科学情境，设计新颖独特的实验或实践活动，带领大家一起探究实验背后的科学原理。让我们一起化身小小科学家，踏上一场充满乐趣与挑战的科学探秘之旅吧！

观察与发现　小小科学家需要有一双善于发现的眼睛。在这个栏目中，我们将仔细观察，从平时不太注意的事物里，找到其中的科学现象，提出科学问题。

探究与实践　小小科学家需要有一双勇于实践的巧手。在这个栏目中，我们动手、动脑，设计实验，完成实验，认真观察，记录科学现象，探究科学奥秘。

　　研讨与反思　小小科学家需要有寻根问源的精神。这些实验现象产生的原理是什么呢？我们制作出来的作品运用了哪些科学知识？在完成实践活动的过程中，我们遇到了哪些问题？我们是如何解决的呢？通过研讨与反思，我们可以总结经验教训，提高实验设计和实施的能力。

　　拓展与延伸　小小科学家需要有举一反三的能力。我们学到的科学知识可以解决生活中的实际问题吗？在实践过后，我们又有了哪些新的想法呢？每课学完，我们可以大胆地去尝试，在生活中和大自然里勇敢探索。

　　读者朋友们，科学知识就像一把钥匙，它能帮助我们打开通往未知世界的大门。无论我们身处何方，无论我们在做什么，只要我们用心观察、勤于思考，就能发现科学的奥秘和魅力。让"万物有科学"丛书陪伴大家一起，用科学的视角、科学的思维理解各学科知识，更好地探索这个充满未知的世界。

丛书编委会

2024 年 11 月

目　录

橘子味的秋天

1

秋天不仅是五谷丰登、大地流金的季节，秋天还会有好闻的味道。秋风吹过田野，田野里掀起层层金色的波浪；秋风吹过果园，果园里飘满了瓜果的甜香……你们在秋天闻到了哪些独特的味道呢？

观察与发现

说到秋天就少不了酸酸甜甜的橘子。橘子不仅味美，还有好闻的味道。拿着橘子，闻着橘子浓郁的香味，我们不禁对橘子产生了浓厚的兴趣：它为什么这么香？我们能不能把它的香味留下来呢？

探究与实践

自制香水

实验材料：橘子（自备）、小木棍、纱布、杯子、滤纸、酒精、香精、喷雾瓶。

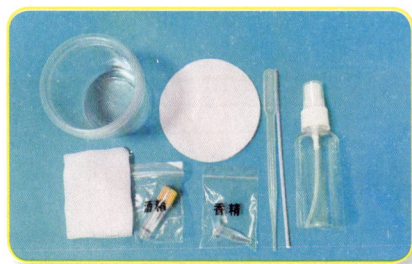

实验步骤：

1. 研磨：取橘子果肉放到杯子中，捣烂。

2. 萃取：往杯中加入酒精溶液，搅拌。

3. 过滤：用双层纱布过滤杯中液体。若是时间充裕，最好用滤纸进行二次过滤，这样得到的香水更纯净。

4. 固香：加入两三滴纯植物香精油，搅拌，使香水的香味多样且更加持久。

5. 装瓶：将香水装入香水瓶中。

温馨提示

不可以对着眼睛或明火喷香水哟！

科学百宝箱

　　香水其实是混合了香精、固定剂与酒精的液体，根据香水中香精油成分的不同，我们可以制作出不同香味的香水。其中最重要的一步是加入几滴固定剂在香水中，这样可以使酒精减少挥发并长时间保留香味。

研讨与反思

　　1. 酒精对香味浓淡有什么影响？

　　2. 提取香精油的原料都有哪几类？

在星星里涂上喜欢的颜色给自己的表现评价吧！

通过实验知道酒精的性质和用途	☆ ☆ ☆ ☆ ☆
能够了解香水的成分及制作原理	☆ ☆ ☆ ☆ ☆
活动中合理讨论，明确分工	☆ ☆ ☆ ☆ ☆
我们遇到的困难：	我们的收获：

◉ 拓展与延伸

1.橘子浑身是宝，橘皮中含有香精油、果胶、天然色素 、橙皮甙（dài）、食用纤维等物质，我们可以用橙皮泡茶，还可以用橙皮炒菜。橘子果肉的用途就更多了。同学们，你们知道橘子果肉可以用来干什么吗？

2.利用你们所学到的方法，试一试用不同的水果、花朵做原料，制作出不同气味的香水。

2 枫叶红了

袅袅凉风起，暑去又一秋。夏花已然落幕，秋天是叶子的主场。红色的、黄色的、渐变色的叶子，是秋天的标志。

观察与发现

树叶颜色变化的秘密是什么呢？

植物叶片中，除了叶绿素，还有其他色素吗？

探究与实践

叶子变色实验

实验材料： 3个量杯、医用酒精、滤纸、剪刀、棕色的枯叶、红色的树叶、绿色的树叶。

实验步骤：

1. 将捡来的树叶按颜色分类，洗净，剪碎后分别放入3个相同的量杯中。

2. 向量杯中分别倒入澄清的无色医用酒精，让树叶碎片浸没在酒精中，等待一段时间，观察现象。

3. 将滤纸剪成长条形放入量杯中，让滤纸下方接触到溶液，等待一段时间，观察现象。

温馨提示

酒精需在老师、家长的陪同下使用。使用剪刀时要注意安全！

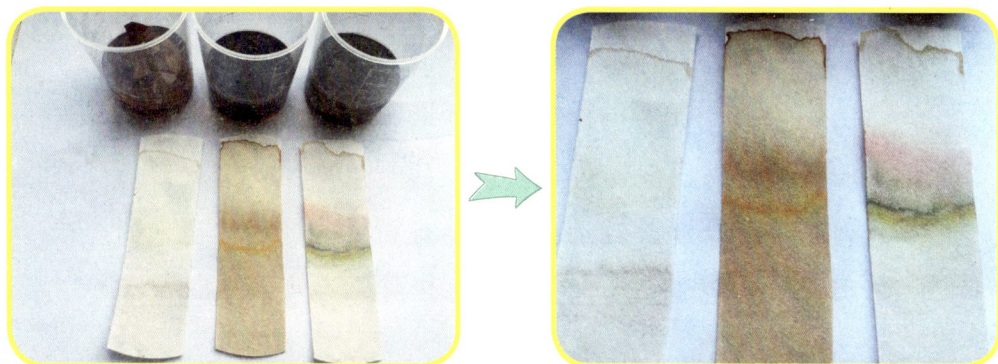

4. 将滤纸从量杯中取出，待滤纸变干后观察出现的分层现象。

提取颜色时可用搅拌棒搅拌，用勺子按压树叶促进颜色的溢出。

为了分层明显，滤纸不能太小哦！

用图画或文字记录我们观察到的现象。

我有发现：

科学百宝箱

植物的颜色是怎样呈现的？

太阳光是由不同颜色、不同波长的光组成的。当太阳光照到物体上时，一部分波长的光会被物体表面吸收，展示出来的是未被吸收的光。比如叶子吸收了红色光和蓝色光就呈现出绿色。

研讨与反思

1. 为什么色素在滤纸上会出现分层现象？

2. 为什么枫叶在夏天的时候是绿色的，到了秋天就会慢慢变成红色？

在星星里涂上喜欢的颜色给自己的表现评价吧！

能够说出色素在滤纸上分层的原因	☆☆☆☆☆
能够理解秋天树叶变色的原因	☆☆☆☆☆
活动中合理讨论，明确分工	☆☆☆☆☆
我们遇到的困难：	我们的收获：

拓展与延伸

1. 叶绿素在植物生长过程中起到了什么作用呢？

2. 尝试用植物的色彩制作一条彩色手帕作为小礼物吧。

3 旋转不停的走马灯

　　"走马灯，灯走马，灯熄马停步。"走马灯，在古代又称蟠螭灯、仙音烛和转鹭灯、马骑灯，是中国特色工艺品，也是传统节日玩具之一，属于灯笼的一种，常见于元旦、元宵、中秋等节日。

观察与发现

　　一年一度的中秋节即将来临，市面上各式各样的走马灯也摆出来了，不过多为电动旋转，和传统的走马灯不同。你知道怎样做一个简易的传统走马灯吗？

自制走马灯

材料准备： 2个纸杯、剪刀、双面胶、透明胶、小木棍、棉线、打火机、蜡烛。

制作步骤：

1. 在纸杯①的杯口画4个对称点做标记。

2. 沿着标记剪2厘米长的宽条。

3. 在底座放置蜡烛，蜡烛底部
可用双面胶固定。

4. 纸杯②作为灯罩，侧面剪 4
个 2 厘米长的宽条。

5. 纸杯②的底端穿入棉线，棉
线的另一端系上小木棍。

6. 纸杯①作为底座，纸杯②倒
扣在纸杯①上端，用透明胶将 2
个纸杯粘牢。

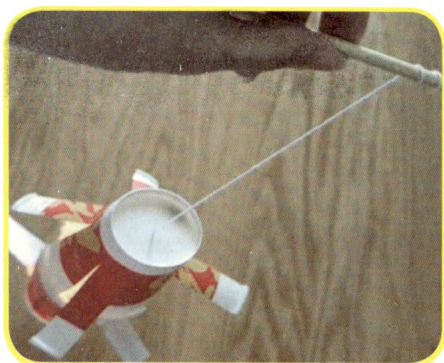

7. 点燃蜡烛，拎起小木棍，走马灯就做好了。

原来如此

热空气密度比冷空气小，蜡烛燃烧时，火焰上方的热空气受热膨胀，在上升的过程中形成气流，推动了扇叶，因此纸杯会转动起来。

温馨提示

实验需有老师或家长陪同，最好在室内无风环境下进行。

研讨与反思

将纸杯①换成铁丝架，走马灯还能不能"走"呢？

在星星里涂上喜欢的颜色给自己的表现评价吧！

交流时认真倾听并能积极表达	☆☆☆☆☆
能够说出影响走马灯旋转的因素	☆☆☆☆☆
能够完成走马灯的制作	☆☆☆☆☆
我们遇到的困难：	我们的收获：

拓展与延伸

　　只要蜡烛不灭，走马灯就会一直旋转，这正是现代燃气涡轮发动机工作原理的原始应用。

现代燃气涡轮发动机

　　目前，现代燃气涡轮发动机被广泛应用于航海、航空等领域，为人类经济和军事发展作出了不可估量的贡献。

4 菠菜是个泡泡机

所有关于夏天的童年记忆，一定少不了缤纷多彩的泡泡。

不光我们会吹泡泡，不少植物的叶子也会"吹泡泡"，尤其是菠菜，堪称"泡泡机"呢！

观察与发现

我们先来观察一下菠菜叶的颜色和结构。

通过观察，我们不难发现，菠菜叶的颜色呈深绿色。不过仔细看，叶片正面的颜色比反面的颜色更深。还有，菠菜叶的叶脉，它的形状像一张网。

同学们，你们觉得菠菜叶会"呼吸"吗？今天咱们就来做一个实验，看看叶子上面有没有可以"呼吸"的小孔。

菠菜吹泡泡

实验材料：玻璃碗 1 个、新鲜的菠菜叶 1 片（选用大而圆的叶片效果更佳）。

实验步骤：

1. 从叶柄中间剪断。

2. 往玻璃碗里倒入大半碗清水。

3.将菠菜叶片全部浸入水中。

4.从叶柄处用力吹气，观察叶片情况。

我有发现：

当从叶柄一端朝叶片用力吹气后，菠菜叶在水中不断释放出气泡，这些气泡随着时间的推移，会逐渐上升至水面。菠菜叶怎么会突然冒气泡？叶片上的小气孔暗藏了什么玄机？

原来如此：

菠菜叶上有许多被称为"气孔"的小孔。这些气孔被称为植物蒸腾失水的"门户"，也是气体交换的"窗口"，对植物光合作用以及蒸腾作用，起着至关重要的作用。

事实上，这是因为菠菜叶中的细胞在水中受到挤压，使得细胞内的气体释放出来，形成了气泡。气泡在水中受到浮力作用，从而上升至水面。

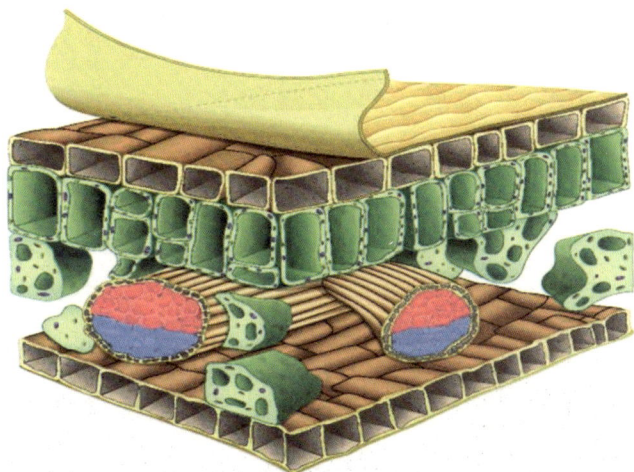

研讨与反思

菠菜叶正反面都会冒气泡吗？如果会，哪一面气泡更多？你知道为什么吗？

在星星里涂上喜欢的颜色给自己的表现评价吧！

交流时认真倾听并能积极表达	☆☆☆☆☆
能够说出菠菜叶吹出泡泡的原因	☆☆☆☆☆
我们遇到的困难：	我们的收获：

拓展与延伸

　　俗话说："大树底下好乘凉"。这不仅是因为大树可以遮挡太阳，还因为大树的蒸腾作用会吸收周围热量，从而使周边空气更凉爽。大树进行蒸腾作用蒸发水分时，水分就是从叶片的一个个气孔中蒸发出来的。

　　此外，在太空种植植物，通过植物的蒸腾作用，还可实现密闭系统内水的净化，为航天员补充纯净的水。

5 彩虹，快到杯中来

彩虹就像天空的笑脸，每次出现都让人心生欢喜。看，彩虹的每一种颜色都闪闪发亮，好像在对我们说："要天天开心哦！"

观察与发现

夏日，我们在冷饮店里经常见到一种神奇的饮品，里面的液体一层层铺开，就像杯中装了一条彩虹，非常漂亮！这是怎么做到的呢？其实，用厨房里常用的一些材料，我们就可以完成这个杯中彩虹。

探究与实践

制作神奇彩虹杯

实验材料：2个透明杯子、食用油、洗洁精、不同颜色的食用色素、搅拌棒。

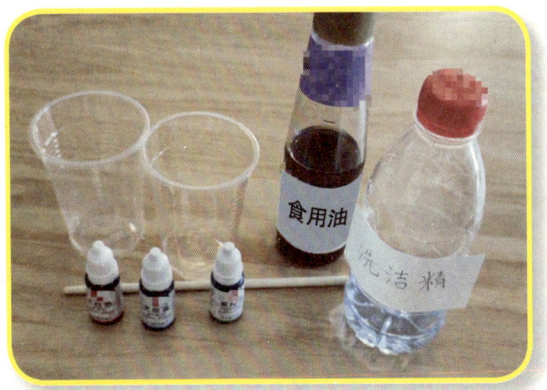

实验步骤：

1. 往一个杯子中倒入一些洗洁精，再滴入几滴蓝色食用色素。

2. 往另一个杯子中倒入一些水，再滴入一两滴红色色素。

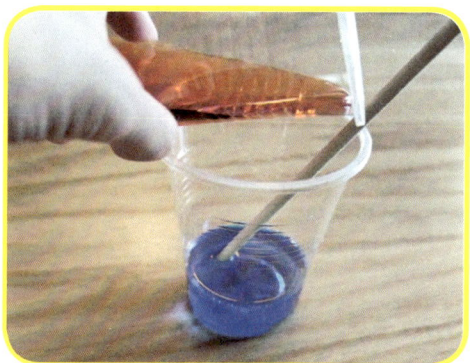

3. 将红色水溶液顺着搅拌棒，慢慢倒入装有蓝色洗洁精溶液的杯中。

4. 将黄色食用油顺着搅拌棒慢慢倒在红色水溶液上方。

快看！三种颜色液体并有混合在一起，一个漂亮的彩虹杯就完成了。不同液体依次倒入杯中，却泾渭分明，不会混合，这是为什么呢？

温馨提示

在倒入液体的时候要用引流的方式缓慢地倒入，否则液体可能会溶在一起，分层现象就会不明显啦！

原来如此：

今天我们实验中遇到的现象，其实是因为不同液体的密度不同引起的。密度大的液体更容易下沉，而密度小的液体更容易上浮。由于洗洁精的密度大于水的密度，而水的密度又大于食用油的密度，所以最后杯子里出现了三层，成了"彩虹杯"。

研讨与反思

彩虹杯的制作过程中，我们应该注意什么？我们还可以加入其他什么液体呢？

在星星里涂上喜欢的颜色给自己的表现评价吧！

交流时认真倾听并能积极表达	☆☆☆☆☆
能够说出彩虹杯形成的原因	☆☆☆☆☆
我们遇到的困难：	我们的收获：

拓展与延伸

　　哈尔滨是我国最受欢迎的冬季旅游胜地之一。我们在哈尔滨可以感受冬天的快乐，吃冻梨，听音乐会，看冰雕，吃东北炖菜，还能体验冬季捕鱼活动。每年冬季，哈尔滨市区的冰面上都可见到各种捕鱼的活动，吸引了大批游客前来观光、体验。为什么厚厚冰层下的鱼，不会被冻死呢？

　　原来，水在结冰时体积会膨胀，导致同等质量的冰的密度小于液态水的密度。因此，当河水结冰时，冰层会浮在水面上，形成一种天然的保护层。这个保护层不仅阻止了外部的冷空气直接接触河里的水，还减缓了冰层下方水温的下降速度，鱼儿才会依然存活于冰层之下。

消失的贝壳

海边是一片沙滩，沙滩上有各种颜色、各种花纹的贝壳。咦，贝壳是怎么形成的？贝壳这么坚硬，是不是对任何物质毫无畏惧呢？

观察与发现

实际上，凶猛的恐龙仅生活在 2 亿多年前，而早在 5 亿年前的奥陶纪时代，我的祖先——鹦鹉螺，就曾称霸海洋。如今恐龙灭绝了，我的家族却依然存在。我的家族凭借坚硬的外壳和精美的造型，还成了货币和受人们青睐的装饰品。

贝壳存在了这么久，是不是没有令贝壳害怕的物质？

🌐 探究与实践

白醋泡贝壳

实验材料：

醋

贝壳

实验步骤：

把贝壳放进装有醋的玻璃杯中，观察贝壳在玻璃杯中的变化。

用图画或文字记录你们观察到的现象。

我有发现：

贝壳的主要成分是碳酸钙。让贝壳浸泡在醋中，贝壳中的碳酸钙与醋酸发生化学反应。贝壳在醋中浸泡越久，反应的时间就越长，贝壳会逐渐溶解。

研讨与反思

1. 你知道贝壳是怎么消失的吗？

2. 贝壳消失的过程中，你还看到了什么现象？

在星星里涂上喜欢的颜色给自己的表现评价吧！

能独立完成实验，知道贝壳消失的原因	☆☆☆☆☆
能仔细观察贝壳在消失过程中的变化	☆☆☆☆☆
能和小伙伴交流实验的感受	☆☆☆☆☆
我们遇到的困难：	我们的收获：

⊙ 拓展与延伸

　　鸡蛋壳的主要成分是碳酸钙，快来试试神奇的鸡蛋壳消失术吧！

7 动物界奇妙的沟通方式

蚂蚁队长集合好队伍，向大家宣布："今天搬运粮食，只许出力，不许偷嘴。谁偷嘴就要处罚谁。"

——选自《一块奶酪》

观察与发现

语言是人类最重要的交际工具，小动物们不会像人一样用语言来表达，那它们会有怎样的交流方式呢？

> 找到食物时我会标记特定的气味，再用触角和同伴相碰传递信息，我们就能聚集大家的力量搬运食物了。

> 我会跳"8"字舞，同伴们看到我舞蹈就知道我这有花粉了，我跳得越兴奋说明花粉越多哦！

> 你以为我不讲卫生随地大小便吗？那只是我标记地盘的一种方式。我一般还会留下大大小小的抓痕，我要告诉别的老虎，这是本虎的地盘。

🌐 探究与实践

好听的水鸟笛

小动物们的沟通方式真有意思。让我们亲手制作一个模仿鸟鸣的玩具，和小鸟聊聊天吧。

实验材料：

水　　　　　　　　橡皮　　　　　　　铁丝、棉布

塑料吸管　　　　　美工刀

使用美工刀的时候一定要注意安全哦！

实验步骤：

  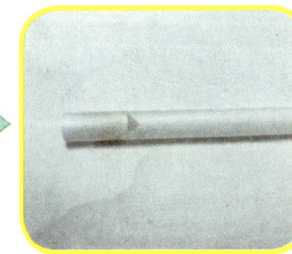

1.用美工刀在塑料吸管口约2厘米处切个小口，再从一侧往下斜切出1个三角形缺口。

2.把橡皮按照塑料吸管的大小切成圆柱体，再把圆柱体斜切。

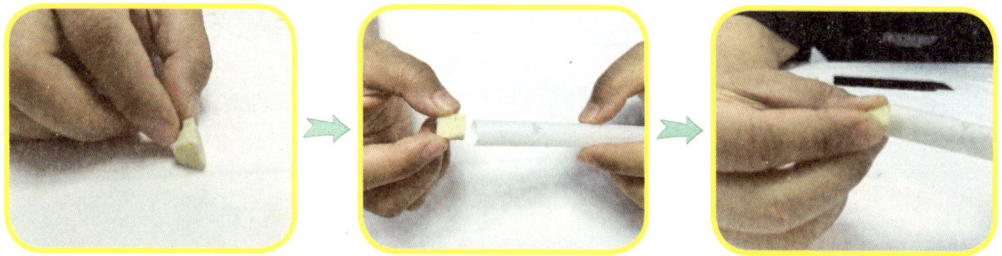

3.将橡皮塞入塑料吸管顶端，粗头朝里。

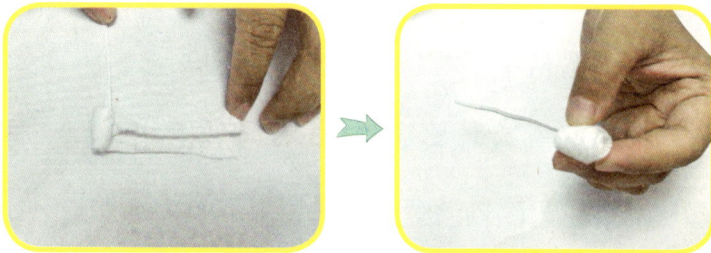

4.将棉布缠在铁丝的一头，扎牢，制成塞子。塞子要不大不小，使其放入塑料吸管内既不漏气又能在管里滑动。

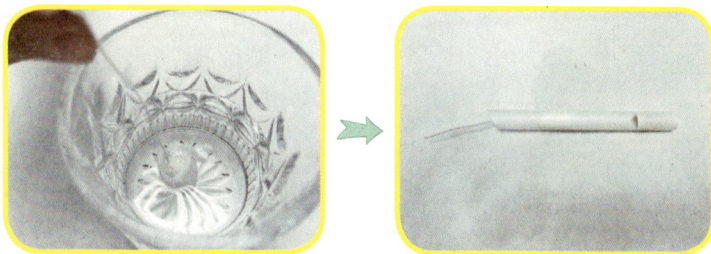

5.将棉布用水沾湿，塞入塑料吸管内，水鸟笛就制作完成了。

赶快试着吹一吹你制作的水鸟笛吧！用一只手握住笛管，在靠近三角形缺口一头吹笛管，另一只手不断推拉铁丝，这样就能听到优美的鸟鸣声了。

用图画或文字记录我们观察到的现象。

我有发现：

研讨与反思

1. 你知道水鸟笛的发声原理是什么吗？
2. 说一说水鸟笛为什么能发出不同的声音。

在星星里涂上喜欢的颜色给自己的表现评价吧！

能合作制作一个水鸟笛	☆☆☆☆☆
能够说出水鸟笛的发声原理	☆☆☆☆☆
我们遇到的困难：	我们的收获：

拓展与延伸

空气柱越短，振动越快，音调越高；空气柱越长，振动越慢，音调越低。根据空气柱和音调的关系，我们来制作水瓶乐器，用敲击声来演奏音乐吧。

8 乘风破浪的叶子

"船可以用什么驱动呢？"

"风、油、电……"

"墨水也可以驱动小船，你信吗？"

观察与发现

没有风，没有电，不借助任何工具，"小船"居然在移动，这到底是怎么回事呢？

探究与实践

水的表面张力

实验材料：

叶子

剪刀

墨水

一盆水

实验步骤：

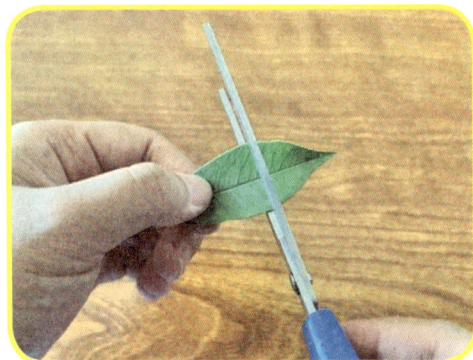

1. 将叶子剪掉一部分。

2. 在叶子的横切面蘸上墨水。

3. 将涂好墨水的叶子放入水中。叶子在水中像小船一样游动起来啦。

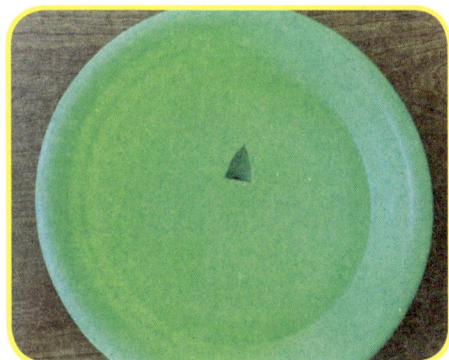

用图画或文字记录我们观察到的现象。

我有发现：

水是由无数个水分子构成的。在水的内部，水分子们互相吸引，紧紧地粘在一起，这些粘在一起的水分子，在与空气接触的表面形成了一层水膜，这就是水的表面张力。

研讨与反思

1. 无风、无油、无电，"小船"是靠什么在水里移动的呢？

2. 墨水究竟施了什么魔法让"小船"移动呢？

在星星里涂上喜欢的颜色给自己的表现评价吧！

能独立完成"小船"移动的实验	☆☆☆☆☆
知道"小船"在水里移动的原因	☆☆☆☆☆
能把实验过程清晰地讲述出来	☆☆☆☆☆
我们遇到的困难：	我们的收获：

拓展与延伸

1. 如果把墨水换成洗洁精，"小船"会发生什么呢？

2. 用心观察，除了墨水和洗洁精，你能帮"小船"找到其他"助跑剂"吗？

9 油、色素与水的相遇

水是我们日常生活中不可缺少的，我们每天都离不开它，正因为水与我们的生活密切相关，我们很早就接触并认识了它。水有许多特性，比如：水的三态变化、水的冲击力、水的沉浮、水的溶解性等。除此之外，水遇到不同的物质会出现不同的现象。水到底藏着哪些秘密呢？

观察与发现

我们知道食盐、小苏打、白砂糖等物质会溶解在水中。水和油在一起会发生什么有趣的现象呢？他们会"抱"在一起，还是互相"不理睬"呢？

溶解 指物质均匀、稳定分散在溶剂中。不会自行沉降，不可通过过滤分离。

油会溶解在水中吗？

你看过彩色瀑布吗？它是怎样形成的呢？

探究与实践

彩色瀑布

实验材料：

透明杯子、各种颜色的水溶性色素、量杯、食用油、清水、食盐、小勺。

实验步骤：

1. 往装有清水的杯中倒入 20 毫升食用油。

2. 观察水和油混合后的现象。

3. 向杯中滴入各种颜色的水溶性色素各两三滴。

4. 往杯中撒入食盐，观察杯中出现的变化。

温馨提示

色素不能滴入太多，撒盐时要均匀撒入，实验结束后要及时洗净杯子并清理桌面。

用图画或文字记录我们观察到的现象。

我有发现：

研讨与反思

1. 彩色瀑布是怎么形成的？

2. 炒菜时油锅起火能不能用水灭火？为什么？

在星星里涂上喜欢的颜色给自己的表现评价吧！

能够理解彩色瀑布形成的原因	☆☆☆☆☆
能够准确描述油锅起火不能用水灭火的原因	☆☆☆☆☆
活动中合理讨论，明确分工	☆☆☆☆☆
我们遇到的困难：	我们的收获：

科学百宝箱

彩色瀑布的形成与液体密度有关。

密度是物体的质量与其体积的比率，它通常表示为每单位体积内包含的质量。

密度越高，意味着在单位体积内含有更多的质量，而密度越低则表示单位体积内的质量较少。

为什么油锅起火不能用水浇灭？

油的密度小于水，相同体积的油比水轻。将水倒入着火的油锅里，油就会浮在水面继续燃烧，这时水起不到灭火的作用，相反会增大着火的面积，导致火势更旺。油锅着火时，只要立刻用锅盖盖住，隔绝空气，使火缺少燃烧条件，这样火就会熄灭了。

拓展与延伸

1. 课后调查：怎样可以让水和油相溶在一起呢？

2. 水与淀粉相遇会出现什么有趣的现象呢？课后收集资料，了解"非牛顿流体"的秘密。

10 水变干净了

水是生命之源，我们的生活用水是经过自来水厂净化后输送到千家万户的。如果在野外急需干净的水，我们应该怎么办呢？

观察与发现

仔细观察一杯污水，它是什么颜色的？它是由哪些物质组成的呢？

颜色	
气味	
观察到的物质	

通过之前的学习，我们知道过滤可以分离沙和水。除了过滤，还有哪些方法可以获得干净的水呢？

让我们尝试利用生活中的材料把污水变干净吧！

 探究与实践

污水净化实验

实验材料： 3 个透明杯、泥沙、清水、餐巾纸、玻璃棒。

> 使用玻璃棒时不能碰到容器的底壁哟。

实验步骤：

1. 在清水中加入泥沙，用玻璃棒搅拌成污水。

2. 把餐巾纸折成长条状。

3. 将折好的餐巾纸一端放入污水中，另一端放入干净的透明杯中。

4. 为了加快净水速度，可多加入几条折好的纸巾。

5. 一段时间后，观察两个杯中出现的变化。

6. 将污水与净化后的水进行比较。

用图画或文字记录我们观察到的现象。

我有发现：

科学百宝箱

城市污水的处理步骤

城市生活污水处理一般是先经过一级预处理，再经过二级处理使污水可以达到农灌水的要求和废水排放标准。如需要获取更高质量的处理水，以供重复使用或补充水源，有时要在二级处理的基础上，再进行污水三级处理。

研讨与反思

1. 在野外如何获得干净的水？

2. 为什么河里的水看起来较为浑浊，而井水却干净清澈？

在星星里涂上喜欢的颜色给自己的表现评价吧！

能够合理分工并完成污水净化实验	☆ ☆ ☆ ☆ ☆
能够准确描述纸巾净化污水的原因	☆ ☆ ☆ ☆ ☆
能够理解污水净化对保护水资源的意义	☆ ☆ ☆ ☆ ☆
我们遇到的困难：	我们的收获：

拓展与延伸

1. 生活中，我们可以采取哪些措施节约水资源？

2. 课后调查其他污水净化的有效方法。

瓶子里的小潜艇

潜艇是一种能潜入水下活动和作战的舰艇，是海军的主要舰种之一。潜艇不仅能够自由地浮在水面和潜入水下，还能在水下发射导弹、鱼雷和布设水雷，攻击敌人的军舰或潜艇。

潜艇能如此灵活的"秘密"是什么呢？

观察与发现

仔细观察潜艇模型或图片，它由哪些结构组成呢？

> 我发现潜艇都有蓄水舱，而在水中的物体都会受到浮力的作用。潜艇可以在水中上浮、下潜、悬停，是不是和它受到浮力大小有关呢？

> 浸入水中的物体会受到水竖直向上托举的力，这种力叫浮力。正因为有浮力，物体才能漂浮在水面。

🌐 探究与实践

潜艇浮沉

实验材料: 矿泉水瓶、2 个回形针、弯形吸管、潜艇图、胶带、剪刀。

使用剪刀时要注意安全,按顺序进行操作。

实验步骤:

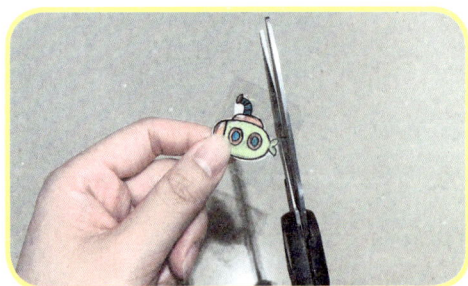

1. 用胶带粘贴潜艇图并剪下来。

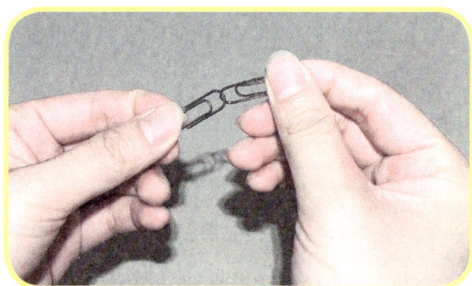

2. 连接 2 个回形针。

3. 将吸管剪成约 9 厘米的长度。

4. 将吸管对折,用回形针套进对折的吸管管口,使吸管不能张开。

5. 用另一个回形针将潜艇图固定。

6. 把做好的"潜艇"放入装满水的瓶子中，密封瓶盖，用力捏瓶子，这样就能驾驶"潜艇"啦。

用图画或文字记录我们观察到的现象。

我有发现：

🎓 **科学百宝箱**

潜艇的工作原理是怎样的呢？

潜艇浮沉是靠改变潜艇的自身质量来实现的。潜艇有多个蓄水舱，要下潜时就往蓄水舱中注水，使潜艇的质量增加，超过它的排水量，这样潜艇就下潜了。

研讨与反思

1. 实验中的吸管模拟了潜艇的哪个部分？

2. 实验中的"潜艇"为什么可以自如地上浮下沉呢？

在星星里涂上喜欢的颜色给自己的表现评价吧！

能完成水中潜艇的制作	☆☆☆☆☆
能准确描述潜艇上浮下沉的原因	☆☆☆☆☆
活动时合理讨论，明确分工	☆☆☆☆☆
我们遇到的困难：	我们的收获：

拓展与延伸

1. 如果在盛有鸡蛋的水中不断加入盐会出现什么情况呢？

2. 了解"死海"的秘密。

在以色列、约旦和巴勒斯坦交界处，有一个世界上地势最低的湖泊，名叫死海，湖面海拔为 –430.5 米，湖水盐度非常高。人在死海中游泳不会下沉，感觉就像躺在睡袋里一样。原来死海的秘密是人在死海中受到的浮力非常大。死海之水的密度大于人体的密度，人受到较大的浮力，所以会漂浮在水面。

⑫ 牛奶密信

在科技飞速发展的今天，信息的传递方式日益多样。战争时期，特工、情报人员等秘密工作者是如何传递信息呢？

观察与发现

明明纸上看起来什么都没有，可放在火上一烤就神奇地出现了黄褐色字迹。这是怎么回事呢？

探究与实践

制作牛奶密信

实验材料：

滤纸、火柴、棉签、磷片条、蜡烛、牛奶。

实验步骤：

1.用棉签蘸取牛奶，在滤纸上写上你想写的话。

2.将纸放到通风处或阳光底下晾干。

3.点燃蜡烛，将晾干的滤纸放在蜡烛上来回移动，几分钟后你写的字就呈现出来了。

温馨提示

1. 此实验一定要在家长或老师的陪同下进行。

2. 纸张不要离火源太近，容易被点燃，也不要离火源太远，否则实验效果不佳。

科学百宝箱

牛奶中含有丰富的蛋白质、脂肪、乳糖、矿物质和维生素等营养成分。其中，蛋白质是构成人体组织的重要成分，有助于维持肌肉、骨骼等的正常功能。

研讨与反思

1. 在实验的过程中纸为什么要晾干后再烤？

2. 奶制品作为摄取蛋白质的来源之一，有不同种类可供我们选择。除了常见的牛奶和酸奶外，我们还可以从哪些食物中获取蛋白质呢？

在星星里涂上喜欢的颜色给自己的表现评价吧！

在实验的过程中能仔细观察	☆☆☆☆☆
能够理解牛奶密信的原理	☆☆☆☆☆
活动中合理讨论，明确分工	☆☆☆☆☆

我们遇到的困难：

我们的收获：

拓展与延伸

1. 把实验中的牛奶换成柠檬汁、醋试一下，看看会有什么样的现象发生。

2. 你知道如何挑选到好牛奶吗？

13 自制水平仪

登上湖堤，湖面风平浪静，好似一面镜子。极目远眺，远处的青山高低起伏。同学们，你们知道是什么力量让湖水平均分布吗？

观察与发现

苹果离树后竖直下落，上抛的石子落回地面，瀑布从高处流向低处……这一切的缘由是什么呢？

探究与实践

自制水平仪

实验材料： 注射器、小软管、4种类型的小板、色素。

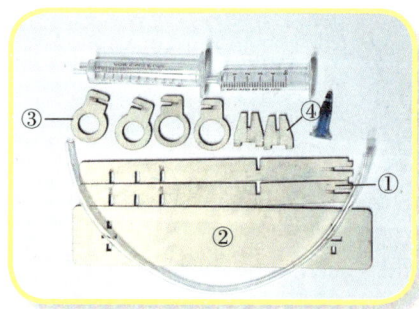

实验步骤：

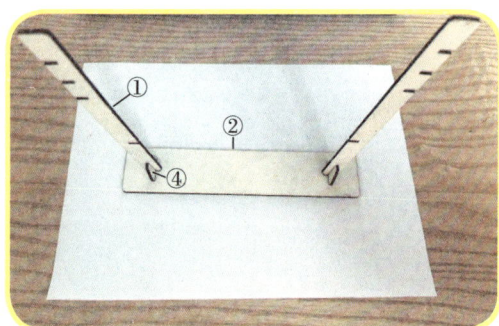

1.将①号板插上④号板，然后一起安装在②号板上。

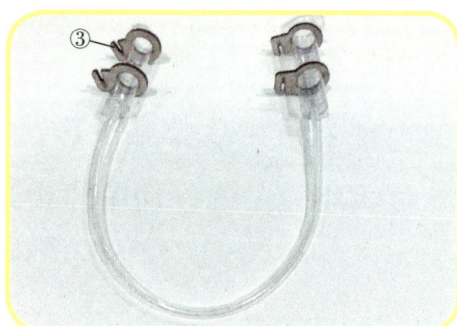

2.将4块③号板套在注射器上（注意③号板卡槽的方向），然后将小软管套在注射器上。

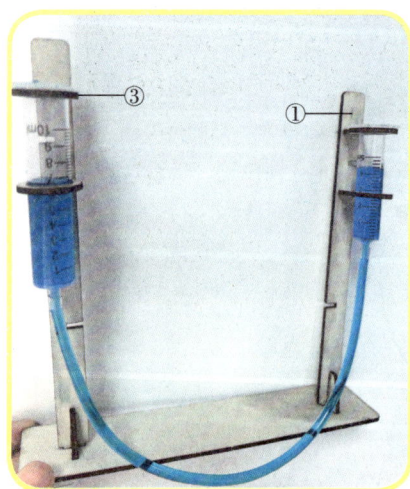

3.将注射器上的③号板卡在①号板上，完成安装。在注射器中加入液体，液体不论任何角度都可以保持水平状态。

科学百宝箱

水平仪是一种测量小角度的常用量具。在机械行业和仪表制造中，用于测量相对于水平位置的倾斜角、机床类设备导轨的平面度和直线度、设备安装的水平位置和垂直位置等。按水平仪的外形，可分为万向水平仪、圆柱水平仪、一体化水平仪、迷你水平仪、相机水平仪、框式水平仪、尺式水平仪；按水平仪的固定方式又可分为可调式水平仪和不可调式水平仪。

研讨与反思

你还知道哪些有关重力的现象？

在星星里涂上喜欢的颜色给自己的表现评价吧！

能够通过观察发现重力	☆☆☆☆☆
能够初步了解重力的作用及本次实验的原理	☆☆☆☆☆
活动中积极讨论，明确分工	☆☆☆☆☆
我们遇到的困难：	我们的收获：

1.万有引力是自然界中任何两个物体之间存在的一种相互作用力。万有引力使我们保持在地球表面上，并且控制着天体之间的相互作用。物体由于地球的吸引而受到的力叫重力。重力的施力物体是地球，重力的方向总是竖直向下。

2.利用重力这一原理，对我们的生活有什么帮助呢？

气球风火轮

在微风和煦、阳光灿烂的日子里，绚丽的气球是童年最好的玩伴。追随着随风飘扬的气球，我们也跟着轻快和灵动起来。气球是如何乘风飞扬的？让我们一起揭开它神秘的面纱。

观察与发现

当风扇被设置朝向天花板吹风时，我们把一个吹鼓的气球放在风扇正上方，发现气球可以一直在上方飘动而不掉落。如果把多个气球粘在一起，是否也有这个效果呢？

探究与实践

制作气球风火轮

实验材料：1卷双面胶、1把剪刀、6个大小一样的气球、吹风机。

活动一

实验步骤：

1. 吹大 1 个气球。

2. 吹风机出风口朝上，打开吹风机。

3. 把气球放在吹风机出风口。

活动二

实验步骤：

1. 吹大 6 个气球。

2. 把 6 个气球用双面胶粘成 1 个环状。

3. 吹风机出风口朝上，打开吹风机，把气球环放在出风口。

> **温馨提示**
>
> 1. 气球不可吹太大，防止气球爆裂。
> 2. 吹风机不可用热风，高温容易让气球爆裂。

研讨与反思

1. 吹风机吹 1 个气球时，有什么现象？

2. 吹风机吹气球环时，有什么现象？

3. 气球环数量再增加，还会出现同样的现象吗？

在星星里涂上喜欢的颜色给自己的表现评价吧！

能完成气球风火轮设计	☆ ☆ ☆ ☆ ☆
实验中能够顺利交流合作	☆ ☆ ☆ ☆ ☆
实验中能够规范实验操作	☆ ☆ ☆ ☆ ☆

我们遇到的困难：　　　　　　　　我们的收获：

拓展与延伸

气球风火轮的悬浮原理和飞机升空的原理是一样的，这个原理到底是什么呢？同学们可以通过查阅资料获得答案。

挑战纸飞机

人类一直都有在天空翱翔的梦想。纸飞机是我们与天空对话的信使，承载着童年挑战的勇气与斑斓的梦想。让我们走进纸飞机的世界，一起挑战长空吧！

观察与发现

采用不同的纸飞机折法，会呈现出不同的纸飞机形状，纸飞机在空中的飞行距离也会不同。但即使是相同的折法，纸飞机的飞行距离也会有偏差。

探究与实践

一代王者——苏珊纸飞机，曾打破吉尼斯世界纪录，飞行距离达到 69.14 米，并保持了 10 年飞行距离世界纪录。苏珊纸飞机在不使用特殊的纸张或者辅助设备的前提下，仅凭一张普通的白纸和科学的折叠设计，就能飞得非常远。

活动一：做一做

材料准备： A4 纸。

制作步骤：

活动二：画一画

在你的纸飞机上画精美的图案，制作专属于自己的纸飞机吧！

活动三：比一比

实验材料：纸飞机、记录表、皮尺、笔。

实验步骤：选择1个开阔的场地，6人为1组，在同一起点同时放飞纸飞机，每架飞机放飞3次，记录下每架飞机的飞行距离。

纸飞机飞行距离统计表

学号	姓名	飞行距离（米）			最远距离	排名
		第1次	第2次	第3次		
1						
2						
3						
4						
5						
6						
……						

活动四：头脑风暴

同样的折法，纸飞机的飞行距离却不一样，原因是什么呢？

活动五：精益求精

调整自己的纸飞机，再次放飞吧！

⧗ 研讨与反思

1. 纸飞机制作过程中，应该注意什么？

2. 影响纸飞机飞行距离的因素有哪些？

在星星里涂上喜欢的颜色给自己的表现评价吧！

交流时认真倾听并能积极表达	☆ ☆ ☆ ☆ ☆
能够说出影响纸飞机飞行的因素	☆ ☆ ☆ ☆ ☆
学会制作标准的苏珊纸飞机	☆ ☆ ☆ ☆ ☆

我们遇到的困难：　　　　　　　　我们的收获：

⚛ 拓展与延伸

　　近年来，随着科技的不断发展，微型电机、传感器和控制系统等技术不断突破，赋予纸飞机飞行能力成为可能。"会扇翅膀的纸飞机"不再仅仅是孩子们的玩具，它正在逐渐成为科技爱好者和航空爱好者的新宠，并展现出无限的可能性。

　　传统意义上的纸飞机，依靠简单的空气动力学原理，通过滑翔的方式飞行，飞行距离和时间都十分有限。如今，通过将微型电机、电池和控制系统集成到纸飞机中，科学家和工程师们赋予了纸飞机新的生命。这些微型电机可以驱动纸飞机上的翅膀进行扇动，模拟鸟类的飞行方式。同时，内置的传感器可以感知周围环境的变化，例如风力、气流等，并根据这些信息实时调整飞行姿态，实现更稳定的飞行。

会魔术的鱼

16

水中的鱼儿自在灵活，游得又快又稳，仿佛变魔术般一眨眼就消失不见了。当手绘的鱼遇见清澈的水会不会也有奇迹发生呢？

观察与发现

当我们把一杯透明的清水放在一个物体前，在合适的距离和角度下，会发现透过清水看到的物体改变了方向。而当我们把物体放在杯底时，通过杯子的侧面去看物体，发现物体消失了。真的是这样的吗？

探究与实践

改变方向的小鱼

实验材料： A4 纸、彩笔、矿泉水瓶、玻璃杯、清水。

活动一

实验步骤：

1.在纸上画2条小鱼，小鱼小于杯底面积。

2.纸张立起来，将空杯子放在小鱼正前方。

3.向空杯中缓慢倒入清水。

活动二

实验步骤：

1. 将画有小鱼的纸张平放在桌面，将空杯子放在小鱼上方。

2. 慢慢往杯内加水，从水杯侧面观察杯底小鱼。

研讨与反思

1. 在往杯子里缓慢加水的过程中，你发现置于杯壁的手绘小鱼先后出现了什么现象？

2. 在往杯子里缓慢加水的过程中，你发现置于杯底的手绘小鱼出现了什么现象？

在星星里涂上喜欢的颜色给自己的表现评价吧！

能仔细观察换方向的手绘小鱼实验现象	☆ ☆ ☆ ☆ ☆
能说出消失的手绘小鱼背后的科学原理	☆ ☆ ☆ ☆ ☆
规范实验操作	☆ ☆ ☆ ☆ ☆
我们遇到的困难：	我们的收获：

拓展与延伸

有经验的渔夫都知道，在叉鱼时，应该瞄准鱼的下方，因为光线从水中进入空气时会发生折射现象，导致人眼看到的鱼的位置实际上是鱼的虚像，这个虚像位于鱼的上方。因此，为了叉到鱼，渔夫需要将鱼叉对准虚像的下方。

17 淋不湿的荷叶

"出淤泥而不染，濯清涟而不妖"，这是宋代文学家周敦颐在《爱莲说》中对荷花最大的礼赞。自古以来，荷花在人们的眼里象征着高洁。为什么荷叶可以生长于淤泥中而不被污染呢？让我们一起来了解荷叶与众不同的缘由吧！

观察与发现

荷花是美丽的，那一顶顶如华盖般擎着的荷叶也是干净无瑕的。大雨过后，你发现荷叶有什么特点呢？

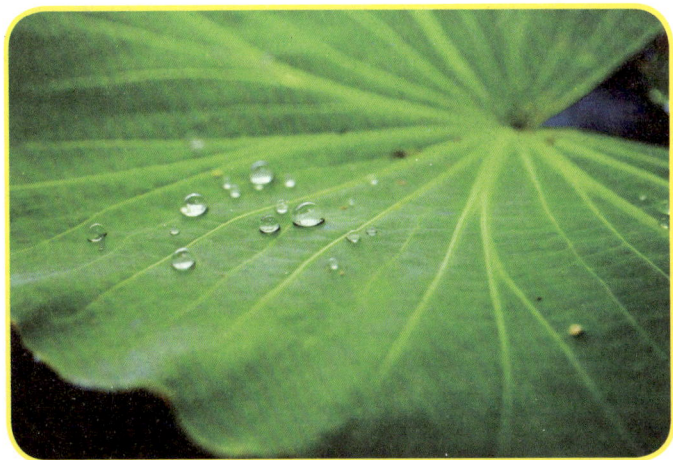

🌐 探究与实践

超疏水效应

1. 比较荷叶和其他树叶上水珠的不同，并记录下来。

比较不同叶子上水珠的特点

日期：

	荷叶	山茶叶	……
水珠特点			
我们发现			

山茶叶

2. 了解荷叶"滴水不沾"的原因。

荷叶之所以"滴水不沾"，主要是因为它的表面有粗糙的特殊结构，使得叶面具有极强的疏水性。研究表明，荷叶表面存在纳米和微米级的超微结构。荷叶表面有许多大小为6~8微米的乳突，每一个乳突都由许多直径为200纳米的突起组成。乳突上还有一层蜡质物体，这些蜡质物体本来就具有疏水性。由于这种特殊的结构，当水滴落在荷叶上就会因为叶片空气的张力而凝结成自由滚动的雨滴，人们把这种现象称为荷叶效应。

3. 体验超疏水现象。

实验材料： 清水、滴管、75%酒精、超疏水涂料、纸巾、镜子。

实验步骤：

1.将酒精喷在镜面上，然后用纸巾擦拭干净。

2.用滴管吸取适量清水后滴在镜面上，观察水珠的特点。

3.将超疏水涂料均匀喷在镜面上。

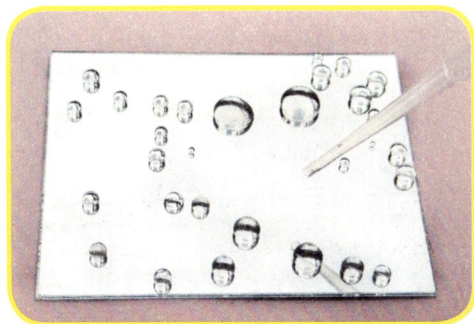

4.用滴管吸取适量清水后往喷过超疏水涂料的镜面上滴上数滴水珠。

5.观察此时水珠的特点。

研讨与反思

1. 你能够解释荷叶"出淤泥而不染"的现象吗？

2. 你还知道哪些植物或动物具有超疏水功能？

在星星里涂上喜欢的颜色给自己的表现评价吧！

能够比较荷叶与其他叶子上水珠的特点	☆☆☆☆☆
能够说出荷叶"滴水不沾"的原因	☆☆☆☆☆
做到认真观察，愿意与他人交流	☆☆☆☆☆

我们遇到的困难：

我们的收获：

拓展与延伸

通过模仿荷叶表面的微纳结构，人们可以制备多种材料的超疏水自清洁表面，应用在涂料、纺织等领域，如外墙乳胶漆、卫生间防水漆、防水防污的织物等，都是利用了荷叶效应。

18 海水变淡水

地球是一颗有着丰富液态水的星球。目前地球上的水有两种：海水和淡水。地球上的淡水资源不到总水量的 3%，地球上的大部分生命依赖淡水生存。但是随着全球人口增长、气候变化、水污染，淡水资源面临短缺。要解决这个问题，我们该怎么做呢？

结合你们的生活经验和以前学过的内容，想一想海水和淡水有哪些特征，各有什么作用。把你知道的填写在气泡图上吧。

特征

海水 —— 地球上的水 —— 淡水

作用

特征

作用

(探究与实践)

1. 说一说海水不能食用的原因。

2. 思考怎样利用丰富的海水资源解决淡水短缺问题。

制作简易的海水淡化装置

实验材料： 三脚架、酒精灯、石棉网、火柴、1杯食盐水、保鲜膜、小石块、小烧杯、剪刀。

实验步骤：

1. 将小烧杯放入装有食盐水的烧杯中间。

2. 用剪刀剪下保鲜膜覆盖整个外层烧杯的上方。

3. 为了加快蒸发，用酒精灯给食盐水加热，观察保鲜膜内有什么现象发生。

4. 当保鲜膜上有水珠附着时，在保鲜膜的中间放一小块石头。

5. 继续加热，观察保鲜膜上的水会流向哪里。

6. 当保鲜膜上的水珠较多时，停止加热。浅尝小烧杯中的水是咸水还是淡水。

一定要在老师的指导下做加热实验哦。

⏳研讨与反思

1. 在模拟海水淡化的实验中，你能解释海水变淡的原因吗?

2. 除了海水淡化，还有什么方法可以解决淡水资源短缺问题?

在星星里涂上喜欢的颜色给自己的表现评价吧!

交流时认真倾听，积极表达	☆☆☆☆☆
能够制作简易海水淡化装置	☆☆☆☆☆
能够说出解决淡水资源短缺问题的方法	☆☆☆☆☆
我们遇到的困难:	我们的收获:

◉拓展与延伸

海水淡化技术已在全球得到广泛应用。它在解决淡水资源短缺问题、保障人类生活用水安全方面发挥着重要作用。目前海水淡化技术主要有两种方法：蒸馏和反渗透。

● 蒸馏是通过加热海水，使海水蒸发后留下盐，再将水蒸气冷凝为液态淡水。蒸馏法主要被用于特大型海水淡化处理上及热能丰富的地方。

● 反渗透法是现代海水淡化厂使用最广泛的方法。它利用半透膜在高压下过滤海水，仅允许水分子通过，同时能阻挡盐离子、金属离子、悬浮物、微生物等杂质。

模拟云的形成

　　天上的云，千姿百态，有时天高云淡，有时乌云密布，有时像鱼鳞水波，有时像峰峦叠起……

　　云是怎么形成的？云为什么会有不同的颜色？

✎ 观察与发现

仰望天空，我们常常能看到姿态万千的云朵。在气泡图里写下你眼中云朵的特点。

通过之前学的知识和生活经验，我们知道云是由空中的小水滴或小冰晶组成的。那么，小水滴是怎么形成的呢？

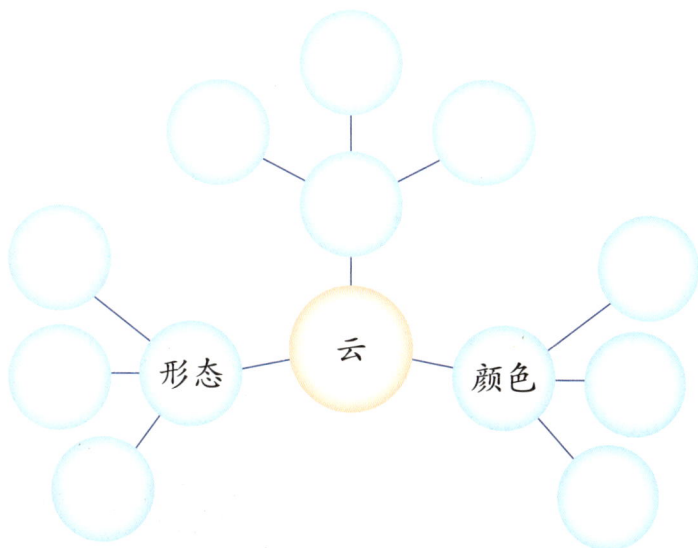

🌐 探究与实践

1. 想一想能用什么办法来证实自己的猜想。

2. 与同学们交流：为什么云朵是五颜六色的？

模拟云的形成

实验材料： 透明杯、温水、火柴、秒表、透明塑料盖、冰块。

实验步骤：

1. 往透明杯中倒入约四分之一杯温水。

2. 把冰块放在透明塑料盖上，使冰块铺满盖子。再点燃 1 根火柴，伸进透明杯里，停留 5 秒，并将它扔进透明杯中。

3. 迅速把铺满冰块的塑料盖盖在透明杯上。

4. 为了看得更清楚，可以将透明杯放在深色背景的前面，观察和记录透明杯中发生的现象。

5. 等待 3 分钟，移开塑料盖，继续观察和记录发生的现象。

一定要在老师的指导下点燃火柴。小心用火安全哦。

观察杯中"云"的变化

日期：

时间/操作	现 象
1分钟	
2分钟	
3分钟	
移开塑料盖	
我的发现	

? 如果去掉火柴，重复上述步骤，还能造出"云"吗？

科学百宝箱

为什么云朵是五颜六色的？

这是因为当太阳光照射到云层时，会与云中的水滴和冰晶发生折射和散射作用，形成各种颜色的光线。此外，太阳光的照射角度、云层的高度和厚度、云层中的水滴和冰晶的分布情况，以及大气中的湿度、温度等因素都会影响云朵的颜色。

⧗ 研讨与反思

1. 在模拟云形成的实验中，火柴起到了什么作用？你能解释云是怎样形成的吗？

2. 举例说一说云朵给我们的生活带来了哪些影响。

在星星里涂上喜欢的颜色给自己的表现评价吧！

交流时认真倾听，积极表达	☆☆☆☆☆
能够模拟云的形成并解释其成因	☆☆☆☆☆
能够说出云朵五颜六色的原因	☆☆☆☆☆
能够说出云朵给我们的生活带来的影响	☆☆☆☆☆

我们遇到的困难：

我们的收获：

⚛ 拓展与延伸

仰望天空，我们有时能看见飞机在空中拉出一道道长长的白雾。准确地说，"白雾"是一种"云"，人们称之为飞机尾迹。飞机在飞行的过程中，发动机会向后喷出含有大量水蒸气的高温气体，这些气体在喷出来之后遇到温度比较低的环境，就会凝结成小水滴和小冰晶，最后形成了"小尾巴"。

探索火山的奥秘

语文课本上介绍了奇妙的海底世界，其无比壮观的海底火山爆发，是大自然鬼斧神工的罕见画面，是自然界神秘莫测的大手笔，令人赞叹不已。海底火山是如何形成的呢？让我们一起来探索海底火山世界吧！

观察与发现

海底火山爆发的形成

地壳之下 100~150 千米处，有一个"液态区"，区内存在着高温、高压下含气体挥发成分的熔融状硅酸盐物质，即岩浆。

火山口
熔岩
凝灰岩
火山角砾岩

全球著名的十大海底火山

摩罗基尼坑火山、莫洛岩石、苏特西岛、埃尔德菲尔火山、硫磺岛、兄弟火山、圣托里尼岛、NW–罗塔1火山、基克姆詹尼海底火山、马尔西利海底火山。

🌐 探究与实践

模拟酷炫的"海底火山喷发"

实验材料： 食用油、1杯清水、1个杯子、色素、泡腾片。

实验步骤：

1. 往空杯子中倒入食用油，大约到杯子1/3的位置。

2. 再往杯子里倒入1/3左右的清水，静置1分钟，直到食用油和水出现明显的分层现象。

3. 往食用油中滴入色素，搅拌溶解。

4.往杯中放入泡腾片，观察瓶内发生的现象。

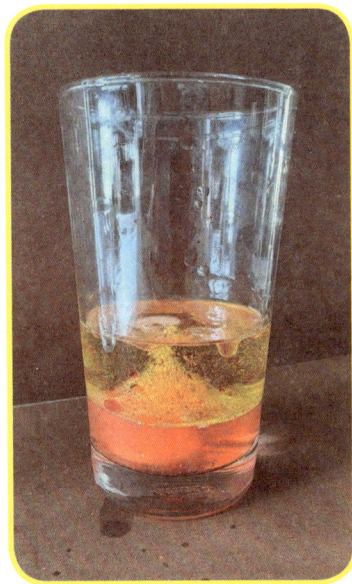

5.观察此时杯中的特点：杯内的变化越来越剧烈，仿佛喷发中的火山一样！

科普时间

1. 油水不相容，且油的密度小于水，所以油会浮在水上面，并形成分层。

2. 色素在油中呈水滴状，也正是因为色素和油不相容，而且色素的密度大于油，会逐渐沉到油下面。色素会溶于水，所以数分钟后逐渐溶解在水中。

3. 泡腾片放入水里会迅速崩解溶化，并释放出大量二氧化碳气体，形成的气泡把染色的水带到油面上后破裂，被带上去的水又因重力作用形成水滴沉入瓶底。

研讨与反思

1. 你能够解释海底火山形成的原因吗？

2. 在模拟"海底火山喷发"现象的实验中，泡腾片起到什么作用？

在星星里涂上喜欢的颜色给自己的表现评价吧！

交流时认真倾听，积极表达	☆ ☆ ☆ ☆ ☆
能够解释泡腾片在实验中的作用	☆ ☆ ☆ ☆ ☆
能够完成模拟"海底火山喷发"实验	☆ ☆ ☆ ☆ ☆

我们遇到的困难：　　　　　　　　　　　　我们的收获：

🔬拓展与延伸

地球上已知的"死火山"约有2000座，已发现的"活火山"有523座，其中陆地上有455座，海底火山有68座。火山在地球上分布是不均匀的，它们都出现在地壳中的断裂带。

火山出现的历史很悠久。有些火山在人类出现以前就喷发过，但不再活动，这样的火山人们称之为"死火山"，如安徽合肥大蜀山。曾经喷发过，但长期以来处于相对静止状态的火山，此类火山都保存有完好的火山锥形态，仍然具有火山活动能力，或尚不能断定其已丧失火山活动能力，人们称之为"休眠火山"。时有喷发的火山，称为"活火山"。

㉑ 筷子拱形桥

隋朝的造桥匠师李春设计并建造了一座千年不倒的拱桥——赵州桥。在建桥史上，中国木拱廊桥，是世界范围内独有的木结构建筑形式和建筑构造类型。木拱桥传统营造技艺已是我国的国家级非物质文化遗产。我们一起来探索拱形桥中蕴含的奥秘吧！

观察与发现

拱桥能屹立千年不倒，是因为拱式结构，受力大，承载力强，比桁架结构或梁式结构具有更大的力学优势。

中国木拱桥传统营造技艺主要包括选桥址、建桥台、测水平、搭拱架、上剪刀苗、立马腿、架桥屋等重要步骤，其核心技术是搭建拱架。

科学百宝箱

拱形桥面的受力都集中在桥的两端桥墩处。当桥上受力的时候，可以把力量传递到两端桥墩处，使桥的承载能力大大提高。

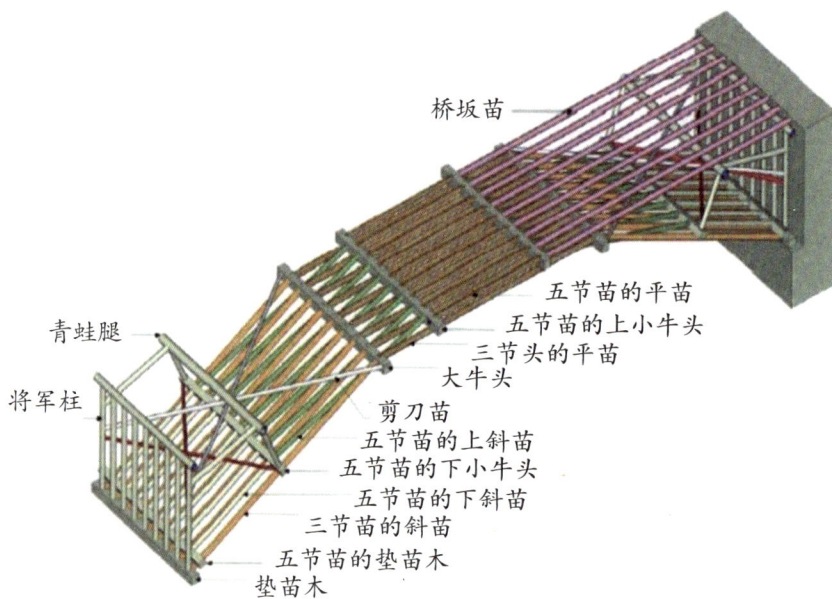

桥坂苗

青蛙腿

将军柱

五节苗的平苗
五节苗的上小牛头
三节头的平苗
大牛头
剪刀苗
五节苗的上斜苗
五节苗的下小牛头
五节苗的下斜苗
三节苗的斜苗
五节苗的垫苗木
垫苗木

🌐 探究与实践

搭建筷子拱形桥

实验材料：

颜色不一的筷子。

实验步骤：

1. 竖放 1 根黑筷子，
上面横放 2 根红筷子。

2. 在 2 根红筷子上面继续放 1 根黑筷子，并用小方块挡住，防止滑落。

3. 另取 2 根白色筷子从中间穿插进来。

4.1 根黄色筷子从桥底穿插抬起。

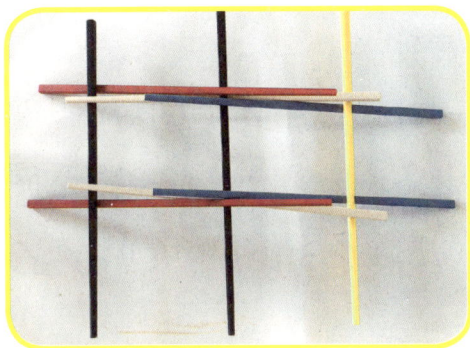

5. 再取 2 根蓝色筷子从中间穿插延伸。继续重复以上步骤。

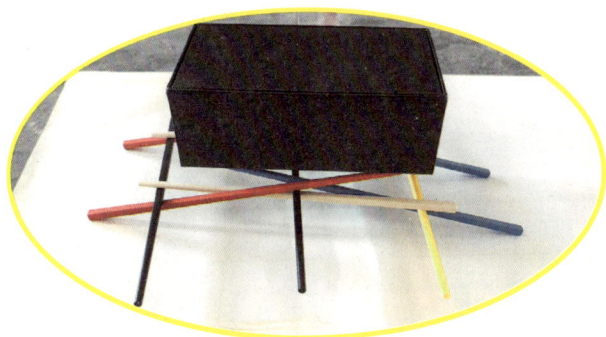

研讨与反思

1.在搭建筷子拱形桥时，筷子的数量会影响拱形桥承重力的大小吗？

2.还可以使用哪些材料搭建不同的拱形桥梁呢？

拓展与延伸

中国拱桥跨越古今，以其独特的受力结构广为人知。近年来，我国拱桥的数量增多，质量和竞争力不断增强，不断刷新着"最长""最高""最大"的纪录。如今，无论是石拱桥，还是钢拱桥、钢管混凝土拱桥，我国拱桥建造技术已挺进世界前列。

2024年2月1日，世界最大跨径拱桥——南丹至天峨下老高速公路天峨龙滩特大桥建成通车。这是世界首座跨径超600米的拱桥，成就了世界大跨径拱桥的"百年跨越"。

揭秘造纸术

22

造纸术作为中国古代四大发明之一，被广泛地应用在人们的生活当中。东汉时期，蔡伦改进了造纸术，发展出了更加高效精细的技术。

纸经历了哪些演变过程呢？古人是怎么造纸的呢？我们一起来了解纸的前世今生吧！

蔡伦

观察与发现

1.文字的创造和书写材料的演变，为人类的文明发展作出了巨大贡献。我们的祖先曾使用过龟甲、兽骨、青铜器、竹简、丝绸等材料来进行记录，随着文明的进步，人们迫切需要一种更为轻便、廉价的记录材料，于是纸的出现成为历史的必然。那么，纸是怎么制造出来的呢？

龟甲

青铜器

竹简

丝绸

2.造纸过程是一段神奇之旅，每一步都充满了古人的智慧和匠心。请认真观察，造纸有哪些步骤呢？

造纸的过程

1 切麻 → 2 洗涤 → 3 浸灰水

6 打浆 ← 5 舂捣 ← 4 蒸煮

7 抄纸 → 8 晒纸 → 9 揭纸

3.生活中，纸的种类有很多，卫生纸、壁纸、报纸、打印纸、牛皮纸、过滤纸……你还知道其他种类的纸吗？

体验造纸

实验材料：造纸纱网、可溶纸浆、镊子、造纸搅拌器、造纸勺子、造纸胶、色素、干花包、亮片。

实验步骤：

1. 纸浆脱水比例

每 20~30 克可溶纸浆可制作 1 张纸。可溶纸浆与水的比例为 1 : 100。可根据纸张厚度需要增减。

2. 纸浆搅拌

加入适量纸浆后，用搅拌工具将纸浆搅拌均匀至无大颗粒状，纸浆越细纸张越平滑。

3. 加入造纸胶

每 3 升纸浆大约加入 10 毫升造纸胶与纸浆水均匀搅拌，提高纸浆使用率，改善纸浆的附着力。

4. 进行抄纸

将造纸框斜放入纸浆进行抄纸，左右轻轻摇晃造纸框使纸浆均匀着落，抄纸次数越多纸张越厚。

5. 造型装饰

用准备好的干花、干草叶脉和亮片薄纸、色素等进行装饰创作。

🔬 研讨与反思

1. 哪些材料也能制作出纸呢？

2. 你有什么新方法改进造纸术？

在星星里涂上喜欢的颜色给自己的表现评价吧！

交流时认真倾听，积极表达	☆ ☆ ☆ ☆ ☆
能够了解古代造纸技术	☆ ☆ ☆ ☆ ☆
能够说出纸给我们的生活带来的影响	☆ ☆ ☆ ☆ ☆

我们遇到的困难：

我们的收获：

⚛ 拓展与延伸

　　我们在生活中随处可见纸张。提起纸，一般人能想到的就是书本、纸箱、面巾纸等，其实我们生活中还随处可见使用特殊工艺或者特殊原料的特种纸。特种纸一般是指拥有某一特定性能和用途、附加值比较高的纸种。特种纸大致可分为传统特种纸和专门特种纸。传统特种纸用于特殊的包装、印刷及装饰；专门特种纸则需要独特的加工手段和专门的技术来制造，产品具有独特的性能。

23 玩转泡泡水

美丽的泡泡给我们的童年带来了欢乐、幻想和诗意。大大小小的七彩肥皂泡让我们拥有了无限的遐想。泡泡水里蕴藏着有趣的科学知识，我们会发现其实科学无处不在。

观察与发现

每个泡泡都拥有五颜六色的花纹和绚丽璀璨的色彩，吹泡泡让每个孩子快乐无比。让我们一起来制作泡泡水并探究其形成的原因吧！

探究与实践

探究泡泡水的配方

实验材料: 3个空杯子、勺子、铁丝扎带、1杯清水、洗洁精、白糖。

实验步骤：

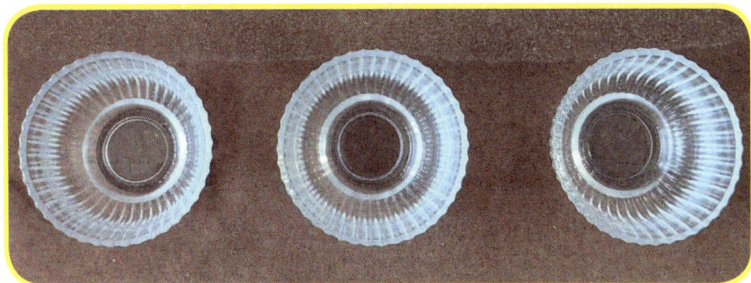

1. 分别在 3 个空杯中倒入 20 毫升洗洁精。

2. 第一个杯中不加白糖。

3. 在第二个杯中加 1 勺白糖，在第三个杯中加 3 勺白糖。

4. 分别在 3 个杯中加入 30 毫升清水。

5. 用搅拌勺搅拌均匀，再用铁丝扎带制作 1 个吹泡
泡环。

制作泡泡水记录单

记录人：

洗洁精	白糖	清水	效果
20 毫升	0 勺	30 毫升	
20 毫升	1 勺	30 毫升	
20 毫升	3 勺	30 毫升	

温馨提示

不要把泡泡液放进嘴里。

手触碰泡泡液后要及时洗净，不能揉眼睛。

认真观察，发现白糖的分量与泡泡的坚固性的关系。

泡泡水的主要成分有洗洁精、白糖、清水，洗洁精中含有一些特殊的化学成分，能够帮助形成和稳定泡泡，白糖可以帮助泡泡形成更坚固的薄膜。

研讨与反思

1.还可以添加什么材料，延长泡泡停留在空气中的时间，提高泡泡坚固性呢？

2.泡泡都是球形的吗？

在星星里涂上喜欢的颜色给自己的表现评价吧！

能够制作出泡泡水	☆☆☆☆☆
能够解释泡泡在短时间内不破的原因	☆☆☆☆☆
我们遇到的困难：	我们的收获：

拓展与延伸

洗洁精中含有表面活性剂，表面活性剂在生活中的运用非常广泛。洗洁精中的表面活性剂分子溶解于水中时，会把水中的油脂微粒包裹起来，从物体表面脱开，从而实现脱油去污。平时我们在使用洗洁精洗碗的过程中，表面活性剂通过其疏水基团包裹住油污，使其形成小分子团悬浮于水中，从而容易被水冲走。

彩虹泡泡长龙

吹泡泡是一个快乐的游戏。童年就像一串七彩的泡泡，里面装满了童真和童趣，还有有趣的秘密。孩子们在七彩泡泡中，追逐着，嬉笑着，在幸福的时光里快乐地成长。泡泡中到底藏着什么样的秘密呢？让我们一起探寻吧！

观察与发现

①　　　　　　　②　　　　　　　③

同样是吹泡泡，为什么吹出来的泡泡状态不相同呢？

	泡泡的大小	泡泡的多少	吹泡泡的工具
图①			
图②			
图③			

探究与实践

一起制作彩虹泡泡长龙

实验材料：培养皿、喷筒、泡泡水、皮筋、湿纸巾、纱巾、棉布、色素。

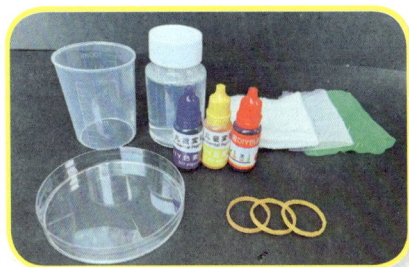

实验步骤：

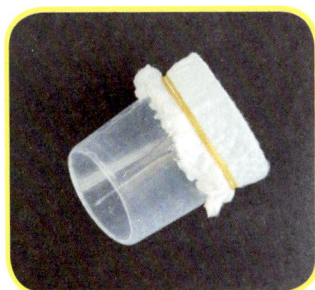

1. 将湿纸巾蒙住喷筒一端，用橡皮筋固定（至少两圈）。

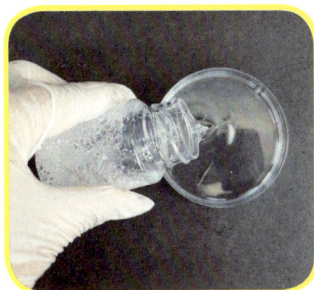

2. 将泡泡水倒入培养皿中。

3. 将色素涂在湿纸巾上。

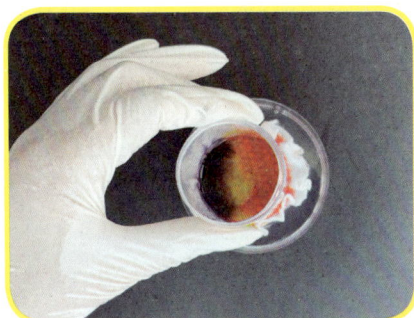

4. 将湿纸巾那一端放进培养皿中浸湿。

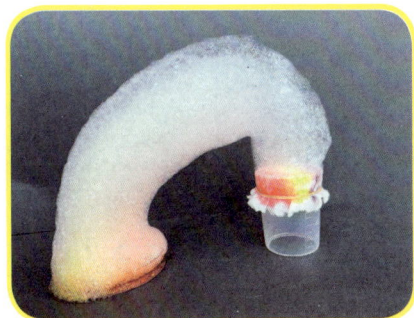

5. 嘴对喷筒不间断吹气，形成泡泡长龙。

通过实验你发现了什么？

现象＼材料	湿纸巾	纱巾	棉布
孔的大小			
泡泡的大小			

我们发现

比一比：谁吹的泡泡长龙最长？

⏳ 研讨与反思

1. 影响彩虹泡泡长龙的因素有哪些？
2. 怎样可以增加泡泡长龙的持久性？

在星星里涂上喜欢的颜色给自己的表现评价吧！

能够理解影响泡泡大小的原因	☆☆☆☆☆
能够说出泡泡的大小和材料的关系	☆☆☆☆☆
做到认真观察，愿意与他人交流	☆☆☆☆☆

我们遇到的困难：　　　　　　　我们的收获：

⊙ 拓展与延伸

　　国家游泳中心，又名"水立方"，是世界上令人叹为观止的"泡泡"，蓝色的外墙如同水泡表面的泡泡，它的设计灵感来源于水的分子结构，外观采用独特的泡泡结构，呈现出梦幻般的视觉效果。国家游泳中心总经理介绍说，"水立方"是世界上第一个实现肥皂泡结构体系的建筑。

神奇的"倒流香"

淡蓝乳白的烟雾袅袅升起，氤氲一片，呈现朦胧淡雅之美。人对香的喜好，是与生俱来的天性。香悦人悦己，并能从中调动内在的灵性，于有形无形间让身心得以舒展，妙用无穷。

观察与发现

生活中，我们通常见到的烟雾都是向上升的，但是有一种香的烟雾，它是缓缓向下流淌的，仿佛一个小小的烟雾瀑布。到底是什么原因形成了这种美丽又独特的视觉效果呢？

探究与实践

倒流香，也称下流香，因其在燃烧过程中产生的烟雾由于焦油含量较高而像水一样由高处流向低处而得名。倒流香并非现代产物，其最早的形式可以追溯到战国时期，当时人们使用小鼎作为香炉，点燃香后，烟会顺着鼎足倒流向下。

活动一：寻找烟倒流的奥秘

实验材料：

铅笔、纸巾、打火机、透明玻璃杯、双面胶。

实验步骤：

1. 将铅笔平放于纸巾一端。

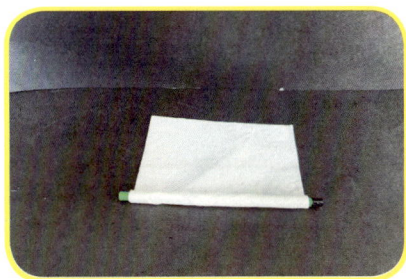

2. 把纸巾压紧卷于铅笔上。

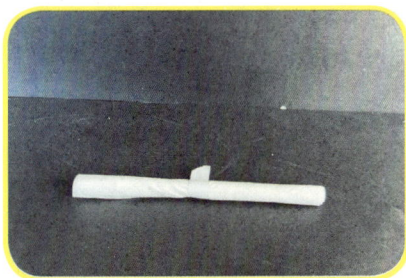

3. 将双面胶于纸巾中间绕一圈，抽出铅笔。

4. 纸筒利用双面胶粘在玻璃瓶内侧。

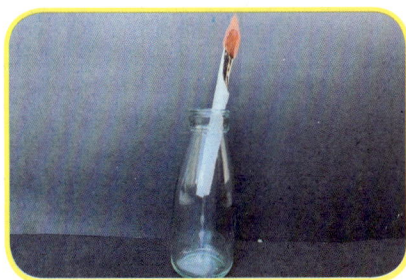

5. 用打火机点燃纸的上方（注意用火安全）。

6. 观察烟雾的流向。

活动二：制作倒流香

材料准备：

香粉、粘粉、盘子、水、筷子、竹签、半截带盖的矿泉水瓶。

制作步骤：

1. 取4勺香粉、1勺粘粉放于盘中。

2. 用筷子搅拌均匀。

3. 少量多次加水，不停地搅拌（香团不散开不粘手为宜）。

4. 混合成球状后用半截带盖的矿泉水瓶盖上，醒泥十分钟。

5. 捏泥成型，捏成一头尖一头平的尖头圆锥状，一头尖是为了方便点燃，一头平是为了放稳。

6. 用木棒开洞至 2/3 最佳。

7. 干泥（不可暴晒，尽量选择阴干，看天气干燥程度放置 7 到 20 天不等）。

8. 完工，点香。

研讨与反思

1. 倒流香开孔的深浅不同会出现什么不同的现象呢？

2. 面粉是否也可以制作出倒流香的效果？

在星星里涂上喜欢的颜色给自己的表现评价吧！

了解倒流香的原理	☆☆☆☆☆
能够独立制作倒流香	☆☆☆☆☆
能够顺利地收集倒流香烟	☆☆☆☆☆
倒流香外形美观	☆☆☆☆☆

我们遇到的困难：　　　　　　　我们的收获：

⚛ 拓展与延伸

　　我国香文化传续历史悠久，起源可追溯到新石器时代。据目前国内历史、人文、考古、国学等学术专家共同考证，新石器时代"火"的产生，使自然万物所自我散发的"自然之香"转变成"人为之香"，从此开启了我国香文化的千年之旅。火神"炎帝神农"即为开启这扇大门的始祖。

　　从形态特征上划分，有线香、签香、盘香、香锥、印香（篆香）、香粉、香丸等品种。

线香　　　　　　签香　　　　　　盘香　　　　　　香锥

篆香　　　　　　香粉　　　　　　香丸

　　按香品的香气特征划分，可分为沉香型、檀香型、柏香型、桂花香、复合香型等。

26 感受"蓝晒"技艺的魅力

　　蓝色是天空，是水，是空气，是深度和无限，是自由和生命，蓝色是宇宙最本质的颜色。

　　蓝晒是阳光与大自然协同合作创造出的专属于夏日的一种美，现在我们一起来学习一项中国非物质文化遗产技艺——"蓝晒"，去感受古法技艺的魅力。

观察与发现

　　蓝晒图像都是深浅不一的蓝色和白色。蓝晒图到底是怎样形成的呢？我们一起来揭开它的秘密。

探究与实践

　　对比蓝晒图片和照片的不同，并记录下来。

比较不同图片里颜色的特点

日期：

	蓝晒图片	照片
颜色特点		
我们发现		

科学小知识

"蓝晒"成像的原因

　　蓝晒是一种古老的摄影艺术，因为是铁化合物遇水和氧气的反应成像，所以也称作铁盐法。蓝晒工艺的原理是利用铁盐与光的化学反应。具体来说，将柠檬酸铁铵和铁氰化钾混合制成的感光剂涂抹于白纸或白色织物上，自然阴干后，用实物（如树叶、花草等）覆盖于感光纸或感光织物上，通过照射紫外线使感光剂发生化学反应。在紫外线的作用下，原本绿色的感光剂变为不溶于水的蓝色试剂，而被实物挡住光线的区域则会留白，形成具有独特蓝色影像效果的作品。

　　不同的蓝晒对象需要不同的曝光时间，通过这些不同的曝光时间，使得每一个对象的特征都得以完美呈现。

"蓝晒"奇妙之旅

　　实验材料： 蓝晒 AB 溶液、盘子、滴管、刷子、A4 透明塑料片、A4 蓝晒纸、一次性手套。

实验步骤：

1. 将溶液 A 和 B 按 1 : 1 的比例混合（各取 2 毫升可以做 A4 大小的纸 1 张）。

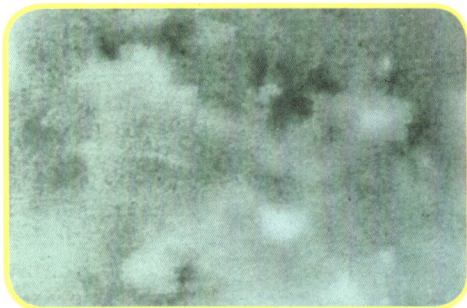

2. 用毛刷调匀，用刷子蘸取混合好的溶液，均匀涂抹到 A4 蓝晒纸上。

3. 刷好的蓝晒纸自然阴干，在纸上放置平薄的物品，如蝴蝶剪贴画、羽毛等（重点避开紫外线，避开阳光）。

4. 将放置好物品的蓝晒纸放到 A4 透明塑料片里，压实，放太阳下暴晒 15~20 分钟（蓝晒纸和透明塑料片越紧密图像越清晰）。

5. 移去纸张上面的物品并置于自来水下冲洗，直到纸张变为蓝色。

6. 放到太阳下晾干，完成。

⧖ 研讨与反思

1. 在不同材料上制作，效果会相同吗？
2. 如果不避光是否还会有这样的效果？

在星星里涂上喜欢的颜色给自己的表现评价吧！

了解图片变蓝的原因	☆☆☆☆☆
清楚蓝晒制作步骤	☆☆☆☆☆
我们遇到的困难：	我们的收获：

⚛ 拓展与延伸

  我们可以制作纸质的蓝晒作品，挂在墙上；可以在 T 恤、帆布包上进行蓝晒创作，得到一件独一无二的新衣和专属背包；可以用蓝晒制作一把扇子，作为礼物送给家人。

认识塑料

吹塑纸

美术课中，吹塑纸版画以制作方便、拓印简易、色彩丰富、效果独特等优势广受大家的喜爱。吹塑纸是一种什么材料呢？这种材料有什么用途？有什么优缺点？让我们来一起探索这些问题吧！

观察与发现

塑料是一种具有可塑性的人造材料，目前已成为我们日常生活中不可或缺的一部分，广泛应用于各行各业。

塑料矮凳

塑料桌布

你观察过塑料吗？让我们了解一下塑料有什么特点，把你的发现记录下来。

塑料的特点

日期：

物体名称	塑料特点
塑料袋	
塑料桌布	
塑料桌子	
……	

🌐 探究与实践

对比同样功能的物品，把塑料材质的优点记录在气泡图中。

木凳　　　　　塑料凳　　　　　纸袋　　　　　塑料袋

瓷杯　　　　　塑料杯　　　　　金属勺　　　　塑料勺

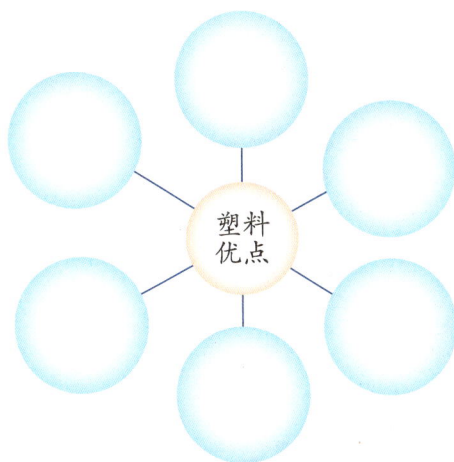

塑料
优点

感受塑料的弹性

实验材料： 削尖的铅笔、保鲜袋、塑料盒。

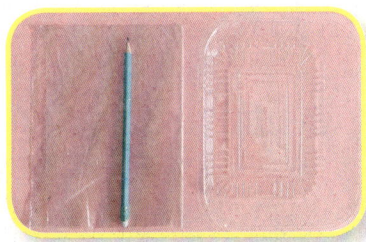

实验步骤：

1.在保鲜袋中装入少量水。

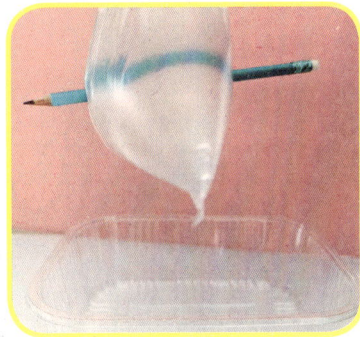

2.将削尖的铅笔朝着装水的保鲜袋慢慢旋转插入。穿透以后，观察保鲜袋是否漏水。

温馨提示

1.可以选择厚实一点的袋子。

2.为避免失败，可以在保鲜袋下面放个塑料盒。

科学小知识

　　塑料最大的特点是不易降解，这同时也是它的缺点。生活中的塑料垃圾在自然环境中的降解时间从几年到几百年不等，极其漫长，对整个生态造成了巨大的危害。

研讨与反思

　　1.关于塑料，你有什么新的认识？

　　2.塑料对人类和环境有什么影响？

　　3.为了保护自然环境，我们应该怎样合理地、有节制地使用塑料？

在星星里涂上喜欢的颜色给自己的表现评价吧！

能够运用多种方法观察塑料	☆☆☆☆☆
能够说出塑料的特点	☆☆☆☆☆
能够知道塑料在生活中的应用	☆☆☆☆☆
我们遇到的困难：	我们的收获：

⚛拓展与延伸

　　人们通过填埋、焚烧、热解、再生造粒（经过加工重新制造成新的塑料产品）等方式处置传统塑料，但传统塑料难以降解，对人体健康和生态环境存在潜在危害。可降解塑料被称为白色污染的克星，是"双碳"催生的新兴行业，是解决石油制塑料污染的主要方向。可降解塑料包括四大类：光降解塑料、生物降解塑料、环境降解塑料、水解性降解塑料。

28 自制饮水机

秋风起，天气突然就开始变冷。变冷的日子，喝上一杯暖暖的热饮是令人觉得幸福的事情，但大家知不知道，早在1000年前的古人，就已经使用上了吸管杯！

🖊 观察与发现

古人使用的碧筒杯与现代吸管杯的制作原理有异曲同工之妙，它们外形结构上都有细长的管体，管口一端置于杯底，便于喝水。在吸水过程中只有嘴的吸力吗？里面到底蕴含着怎样的科学道理呢？

吸口

吸管

出水口

科学百宝箱

吸管内部的气压变化

当我们把吸管插入饮料中时，吸管内外的液面平衡，使得液面上的气压也处于相等状态。当我们开始吸气时，吸管内的部分空气被吸入嘴里，导致留在吸管中的气体减少，从而使得管内的压强变小。

探究与实践

自制简易饮水机

材料准备：矿泉水瓶、吸管、剪刀、热熔胶、胶枪、水杯。

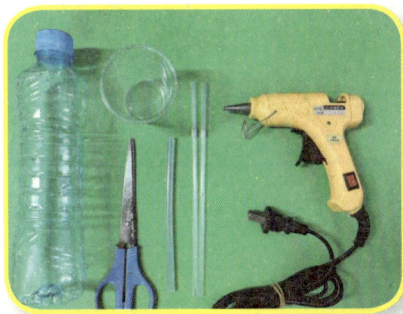

制作步骤：

1. 热熔胶加热 3~5 分钟。

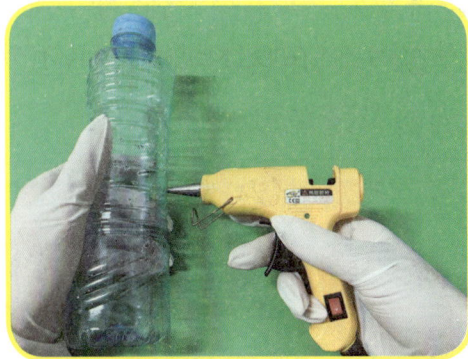

2. 用热熔胶枪在矿泉水瓶中部偏下的位置开一个比吸管略粗的小孔。

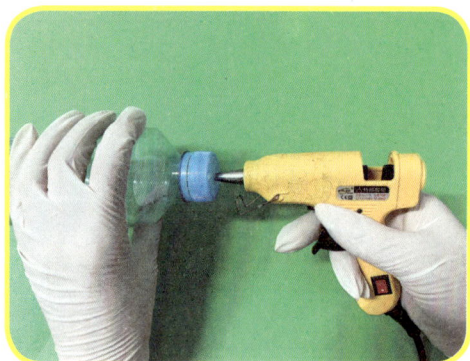

3.用热熔胶枪在矿泉水瓶盖中央位置开一个比吸管略粗的小孔。

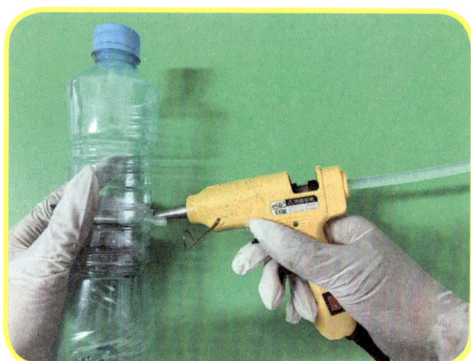

4.用剪刀剪一段较短的吸管，插入矿泉水瓶侧面小孔中，向内深入到水瓶中部。用热熔胶将孔与吸管密封好。

5.取另一段较长的吸管，从上方瓶盖插入，一直深入到靠近吸管附近。同样用热熔胶稍稍密封。

6.按住瓶身吸管不漏气，加满水，再盖上瓶盖。

在密封时趁胶还未干时轻轻拉动吸管，不要封死，保证吸管能够上下移动，同时不会漏气。

7.向上轻轻拉动吸管，咕嘟咕嘟，"饮水机"开始放水！

8.将吸管插回，"饮水机"又关闭了。

⏳研讨与反思

　　1.在不改变材质和吸管长短的情况下，还有其他方法让饮水机出水吗？

　　2.你成功了吗？如果没有成功，原因是什么？

在星星里涂上喜欢的颜色给自己的表现评价吧！

能够掌握自制饮水机的操作步骤	☆☆☆☆☆
能够了解饮水机的工作原理	☆☆☆☆☆
我们遇到的困难：	我们的收获：

　　大气压强在生活中的运用非常广泛，比如家里使用的吸盘挂钩就是利用大气压强的原理，在大气压的作用下紧紧"吸附"在墙壁上的。当将吸盘中的空气大部分压出后，吸盘外的大气压强就把吸盘压在了墙面上。这种设计使得吸盘表面和墙面之间产生了一个足够大的气体压强差，从而实现了挂钩的固定。

不可思议的平衡鸟

"大鹏一日同风起，扶摇直上九万里。"蔚蓝的天空，自由的鸟儿，展翅翱翔于苍穹，鸟儿的翅膀在飞行中发挥了重要作用，让自身保持了平衡，其中蕴含了怎样的科学小奥秘呢？

观察与发现

奥运会上紧张刺激的平衡木项目，运动员可以在只容得下一只脚走路的平衡木上，不仅能保持平衡稳定不掉落，还要完成各种高难度动作。这些常见的现象，都蕴藏着大大的科学原理。今天的实验，我们一起动手制作一只能完美保持稳定的"平衡鸟"，一起去探寻物体能够保持平衡的秘密。

探究与实践

重心与平衡

要让物体保持相对稳定的状态，关键是要找到重心。地球上的任何物体都会受到地球的引力。重心指在地球的重力场中，物体各部分所受重力之合力的作用点。当重心与着力点处于同一条竖直线时，该物体将保持平衡。

制作平衡鸟

材料准备： 笔、A4 纸、回形针、剪刀。

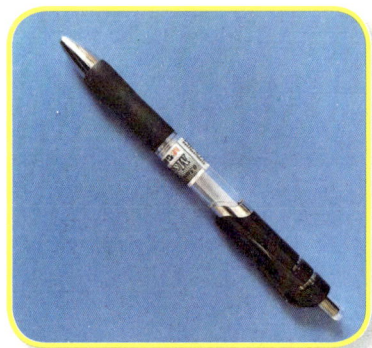

制作步骤：

1. 稍微对折一下 A4 纸，不要留下折痕。

2. 用笔画出小鸟一半的轮廓，并用剪刀沿线裁剪下来。

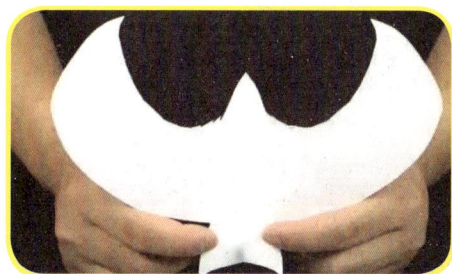

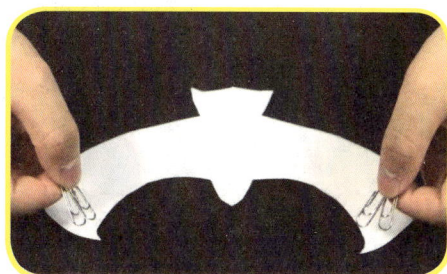

3. 现在的小鸟还没有掌握好平衡，放在手上会滑落。我们用回形针夹在鸟的翅膀上，注意左右翅膀的回形针数量必须一致。

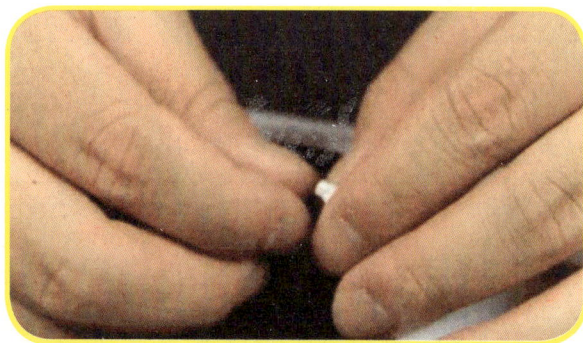

4. 用手捏出小鸟向下勾的嘴巴。

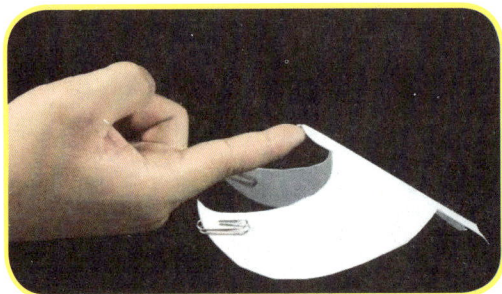

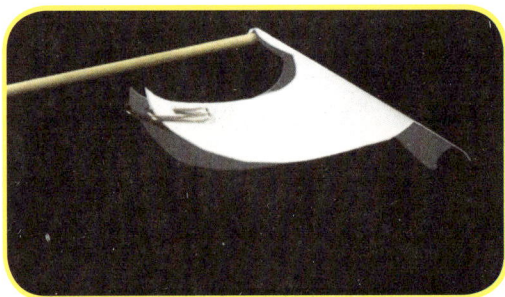

5.将小鸟嘴巴放在手上、瓶口或者木棍上。现在小鸟可以保持平衡，不会掉落了！

研讨与反思

1.有重心才能保持平衡，那么我们人保持的姿势不同，重心位置一样吗？

2.怎样找到物体的重心呢？

在星星里涂上喜欢的颜色给自己的表现评价吧!

交流时认真倾听、积极表达	☆☆☆☆☆
能制作简易的平衡鸟	☆☆☆☆☆
能说出平衡鸟保持平衡的原因	☆☆☆☆☆
我们遇到的困难:	我们的收获:

拓展与延伸

　　重心现象在生活中的例子非常丰富,如:装运货物时,重的东西放在下面,轻的东西放在上面,以降低整体重心,增加稳定性;落地式电风扇的底座重力较大,以增加稳定性;滑冰运动员在训练时,往往弯腰、屈腿以降低重心,避免滑倒。

　　这些都是通过降低物体的重心或增大底部支撑面积来增加物体的稳定性。降低重心和增加支撑面积是增加稳定性的两种主要方法。重心的位置和支撑面的大小对物体的稳定性有直接影响。

30 牙签塔台

我国幅员辽阔，但是资源分布不均匀，西部自然资源丰富缺开发，东部地区经济发达缺资源，积极开发实施"西电东送"，实现了资源优化配置。一个一个的输电线路高塔，见证了我国西部大开发这一标志性工程。在多样复杂的自然环境中，这些高塔会受到各种力的作用，那为什么它们能长久地屹立不倒呢？

观察与发现

仔细观察高压线塔，然后选择填空。

高压线主塔：上＿＿＿＿＿（大/小），下＿＿＿＿＿（大/小）。

塔身＿＿＿＿＿＿（镂空/密实）结构。

有＿＿＿＿＿＿（三角形/四边形）形。

回答问题。

为什么高压线塔要做成这种结构呢？

探究与实践

探究物体不容易倒的秘密

准备4个相同的塑料瓶，其中2个装有沙子，2个空瓶。如下放置：

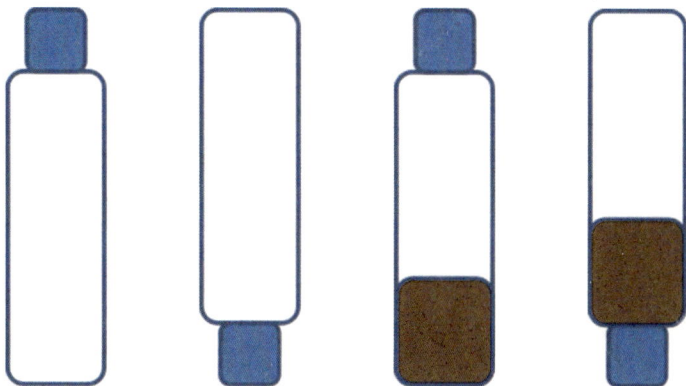

1. 想一想：上面的哪个瓶子最不容易倒？为什么？

2. 再仔细观察铁塔，为什么镂空结构防风，三角形结构最稳定？

为了证实你们的猜想，今天我们就来建一座"高塔"。

体验用牙签和橡皮泥搭高塔

实验材料：牙签100根，超轻黏土1包（100克）。

实验步骤：

1.将黏土搓成一个个小圆球，作为连接加固构件。

2.将牙签当作钢筋，与黏土圆球一起组合，尝试进行结构搭建。

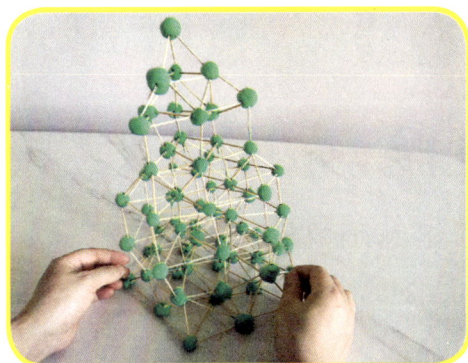

3.先做地基，再慢慢往高处进行搭建。

地基一定要做稳固，再慢慢地加高。

温馨提示

1.想要做得高，要控制黏土圆球的大小才行。

2.安全使用牙签，避免扎伤手指。

3.诀窍：一定要有耐心。

🫗 研讨与反思

1. 怎样的结构让塔台又高又稳?

2. 除了土壤结构、材料质量,还有什么其他因素会影响塔台的稳定性?

在星星里涂上喜欢的颜色给自己的表现评价吧!

交流时认真倾听,积极表达	☆☆☆☆☆
能够说出什么结构让塔台又高又稳	☆☆☆☆☆
能够说出影响塔的稳定性的原因	☆☆☆☆☆
我们遇到的困难:	我们的收获:

🔬 拓展与延伸

在日常生活中,人们为了增强物体摆放的稳定性,通常将物体制成上小下大、上轻下重,或者采用三角形的框架结构等特点,例如:生活中的不倒翁、落地电风扇、篮球架等。

想一想:一辆货车如果要装满货,并且要让货车不容易翻倒,应该怎样装比较好?

筷子提米

在人类文明的历史长河中，摩擦力一直是生活、生产乃至战争的重要影响因素。比如：我们的鞋底和车子轮胎有着各式各样的纹理，这些纹理大大地增加了鞋底和车子轮胎与地面之间的摩擦力，防止打滑。

观察与发现

摩擦是人类社会与生活中的一个基本现象。生活中存在哪些增加摩擦力的办法呢？增加了摩擦力会发生什么神奇的事情呢？让我们一起见证摩擦力的神奇力量吧！

探究与实践

静摩擦力——筷子提米实验

实验材料：

大米

筷子

直径大小不同、高度相同的容器

活动一：探究并观测米松紧程度和筷子提米成功与否的关系

实验步骤：

1. 往饮料瓶中装满大米。

2. 往饮料瓶的米中插入筷子。

3. 摇晃瓶身让大米在瓶中压实直至提起筷子，瓶子也一起被提起来了。

饮料瓶中米松紧程度	筷子提米是否成功
不摇晃瓶子，直接插入筷子	
插入筷子摇晃 2 次	
插入筷子多摇晃几次	

通过摇晃使米的松紧程度发生变化，了解瓶内米的松紧与筷子提米之间的关系。

当筷子插入米中央后，被压实的米对筷子和瓶壁产生了很大的静摩擦力，摩擦力大于地球引力，便可以用筷子轻松地把整瓶大米提起来。

活动二：探究并观测大小不同容器中同等高度的大米和筷子提米成功与否的关系

容器型号	小	中	大
成功与否			

小组成员探讨：

我发现：_____

活动三：制作专属筷子提米器

利用画笔，给自己的筷子提米器进行装扮，制作出属于自己的独一无二的筷子提米器。

这个实验还可以启发我们进行更多的探索和思考。例如，我们可

筷子提米的原理是什么？如果失败了，我们该做哪些调整？

以尝试使用不同的材料来替代筷子或大米，观察实验结果的变化；或者我们可以尝试改变筷子的插入方式或角度，看看是否会对实验结果产生影响。

🔹研讨与反思

1. 影响筷子提米成功还有哪些因素？

2. 用其他材料代替米或筷子进行实验，结果会如何？

在星星里涂上喜欢的颜色给自己的表现评价吧！

能够认真听讲、分工合作	☆☆☆☆☆
能够理解筷子提米原理	☆☆☆☆☆
实验完成度	☆☆☆☆☆
我们遇到的困难：	我们的收获：

🔹拓展与延伸

在我们的日常生活中，摩擦力被广泛应用于各个领域，如机械传动、车辆行驶等。通过巧妙地利用摩擦力，我们可以解决许多实际问题，提高生活质量和工作效率。

摩擦力的种类：如果两个物体之间只有相对运动趋势，被称为静摩擦力；如果两个物体之间发生相对滑动，这就是滑动摩擦力；如果两个物体之间发生相对滚动，这就是滚动摩擦力。

小镜片 大世界

我们用肉眼看不到的微小世界是什么样的呢？它能告诉我们哪些自然界的秘密呢？与我们的生活有着怎样的关系呢？今天我们就来自制一个简单的放大镜。

观察与发现

放大镜是怎样的一个物体呢？我们先来认识放大镜。

观察准备： 放大镜、记录表。

观察记录：

观察方法	用手触摸放大镜镜片的中间及四周，记录其特点	将放大镜对着书上的文字（放大镜和书的距离要小于5厘米），透过镜片观察文字的变化
记录结果		

观察结论：

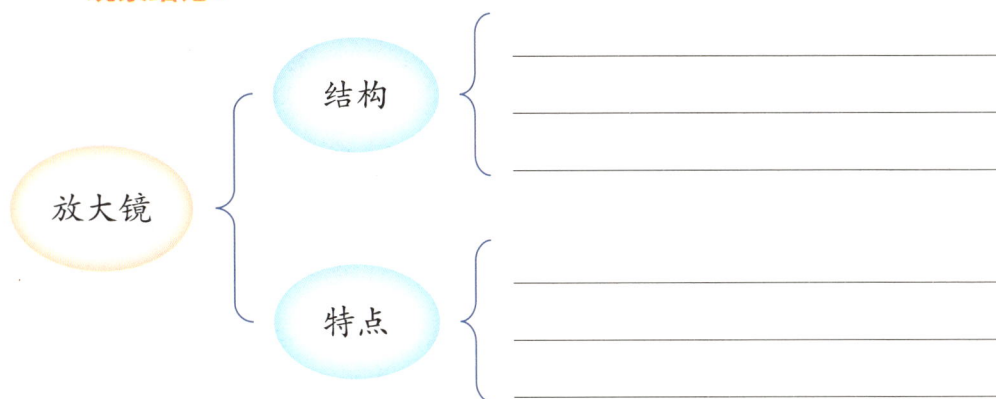

放大镜

结构 {
_____
_____
_____

特点 {
_____
_____
_____

用放大镜看物体，除了"放大"物体，还有什么奇妙的发现呢？

🌐 探究与实践

自制放大镜

材料准备：

记号笔

剪刀

塑料杯

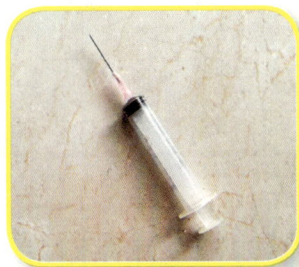

针筒

热熔枪

制作步骤：

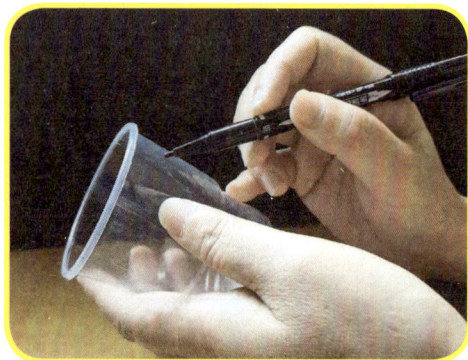

1. 在塑料水杯两侧各画 1 个同等大小的圆圈。

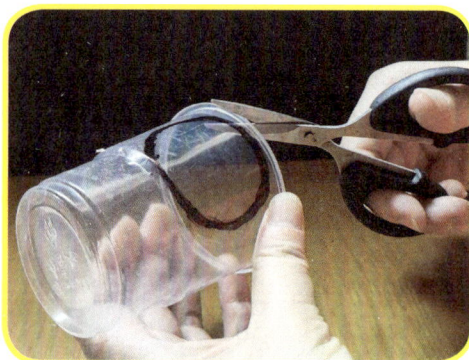

2. 用剪刀沿所画圆圈剪下 2 个圆片。

3. 用热熔枪在一片圆片上打上胶。

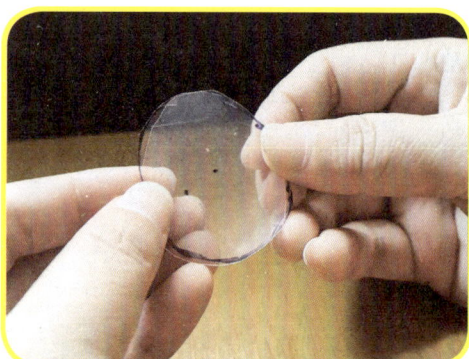

4. 将另一片圆片粘上（粘的时候注意留 1 个小孔方便注水）。

5. 在塑料杯中倒入清水，并用针筒吸取适量清水。

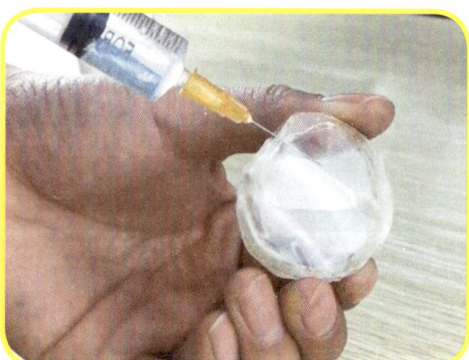

6. 将针筒内的水注入圆片中。

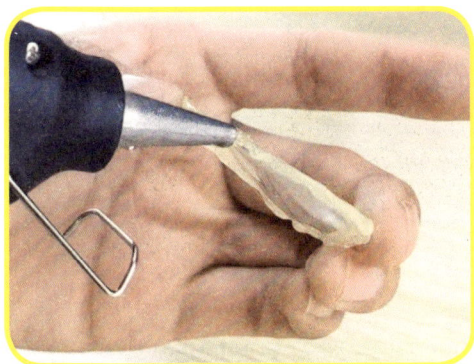

7. 用热熔枪封住针筒孔。

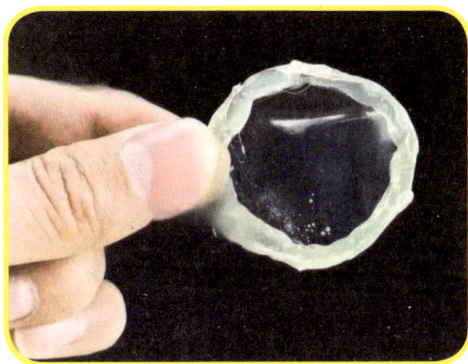

8. 这样"放大镜"就做好了，可以用自制的放大镜观察物体。

温馨提示

　　1. 在使用热熔枪、剪刀时要注意安全，不要伤到手。小朋友可在老师、家长陪同下完成操作哦。

　　2. 可以用酒精胶代替热熔枪。用酒精胶时，双手按住两个圆片的时间稍微久一点，直到两个圆片粘住。

研讨与反思

　　通过实验可以发现，当我们将水注入两个圆片中后，发现圆片可以呈现放大的效果，与放大镜功能一样，这是为什么呢？

在星星里涂上喜欢的颜色给自己的表现评价吧！

交流时认真倾听、积极表达	☆☆☆☆☆
能够说出放大镜放大的原因	☆☆☆☆☆
学会制作简单的放大镜	☆☆☆☆☆

我们遇到的困难： 我们的收获：

拓展与延伸

聚焦点火

放大镜还有另外一个作用——聚焦，平时用放大镜或者老花眼镜可以聚焦阳光烧着枯叶或纸。当太阳光或其他强光源通过凸透镜时，光线会被聚焦到凸透镜的一个点上，这个点就是焦点。在焦点处，光线的能量密度非常高，可以使得焦点处的物质温度迅速升高，从而引发燃烧。

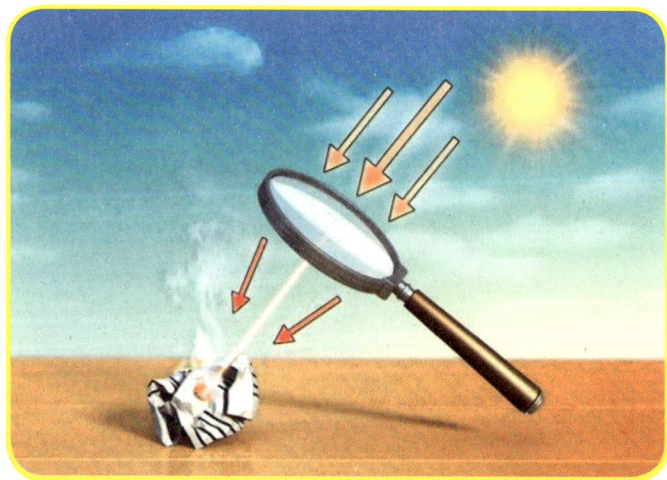